COMENTARIO
de la Epístola del Apóstol Pablo a los

Filipenses

JA PÉREZ

Comentario de la Epístola del Apóstol Pablo a los Filipenses

Tisbita Publishing House

Puede encontrarnos en la red en: www.tisbita.com
Reportar errores de imprenta a errata@tisbita.com
Contactar al autor en: www.japerez.com

ISBN: 978-1947193666

tisbita

Printed in the U.S.A.

Comentario de la Epístola del Apóstol Pablo
a los Filipenses —versículo por versículo

Usos gramaticales

En este libro, el uso de mayúsculas en algunas palabras o pronombres tiene
el propósito de acentuar respeto, o universificar conceptos.

Siempre para referirme a Dios en tercera persona uso Él (con acento y en mayúscula la primera letra).
Para referirme a algo que pertenece a Dios uso Su (con mayúscula en la primera letra), sin embargo, al citar
textos bíblicos, respeto cuando aparece con minúscula para no alterar la manera que lo usa cada versión.

De igual manera, respeto al citar la Reina Valera 1960 o la Reina Valera Antigua el uso de
antiguas reglas ortográficas, como por ejemplo el acento en la é de éstos o éstas o el uso del
punto y coma para terminar una oración y luego comenzar la otra línea con mayúscula.

Uso *nosotros* en lugar de *vosotros* porque escribo primordialmente para Latinoamérica, sin embargo cuando
es parte de la traducción bíblica que estoy usando, por supuesto lo dejo intacto para no alterar las citas.

Dedicado a los estudiantes que se reunen cada semana con nosotros a escudriñar los *textos sagrados* y a todos aquellos que incansablemente comparten la buena noticia en nuestra América Latina. Quienes aman la verdad y no se rinden.

Al fiel pastor de aquella pequeña congregación sin luz o agua potable en las montañas y al maestro bíblico que lucha con las corrientes de error en su querida ciudad.

Esta humilde obra es para ustedes.

***

Agradezco a mi Dios, por todo.

A mi esposa, quien pacientemente me escucha pensar en voz alta y debatir conmigo mismo textos difíciles a deshoras de la noche, quien me acompaña en cada paso y en cada letra.

A mi madre por sus largas horas leyendo y ayudándome en las correcciones al manuscrito.

También agradezco a mis maestros y mentores que desde antes con su ejemplo me enseñaron a amar el estudio de la Biblia.

CONTENIDO

INTRODUCCIÓN

La carta a los Filipenses es una joya de las epístolas paulinas que transmite un mensaje profundo sobre el gozo en Cristo, la humildad, y el servicio sacrificial. A pesar de estar en prisión, Pablo muestra una actitud de gratitud y contentamiento, y enseña a los creyentes a confiar en Dios, mantener la unidad y vivir en paz.

Fecha de la Carta

La Epístola a los Filipenses fue escrita por el apóstol Pablo probablemente entre los años 60 y 62 d.C., durante su primer encarcelamiento en Roma. Esto se deduce de las referencias que Pablo hace a su situación de prisionero (Filipenses 1:7, 13-14, 17) y a la visita de Epafrodito, quien le llevó apoyo de la iglesia de Filipos (Filipenses 4:18). La carta pertenece al grupo de epístolas conocidas como «Cartas de la prisión», junto con Efesios, Colosenses y Filemón.

Detalles de la Región de Filipos

Filipos era una ciudad importante en la región de Macedonia, en lo que hoy es el norte de Grecia. Fue fundada por el rey Filipo II de Macedonia, el padre de Alejandro Magno, en el año 356 a.C., y se convirtió en una colonia romana después de la batalla de Filipos en el 42 a.C. Al ser una colonia romana, los ciudadanos de Filipos gozaban de ciertos privilegios romanos, como exención de impuestos y protección legal.

La ciudad tenía una mezcla de culturas, predominando la romana y griega, pero también había presencia judía. No obstante, parece que la comunidad judía no era muy grande, ya que en Hechos 16:13 se menciona que no había una sinagoga en Filipos, y los creyentes se reunían a orar junto al río. La iglesia en Filipos fue fundada por Pablo en su segundo viaje misionero (Hechos 16:12-40), y fue la primera iglesia que estableció en Europa. Algunos de los primeros convertidos fueron Lidia, una comerciante de púrpura, y el carcelero de Filipos.

Pablo fundando la iglesia de Filipos
(Hechos 16:12-40)

El relato de la fundación de la iglesia en Filipos se encuentra en Hechos 16:12-40. Durante el segundo viaje misionero del apóstol Pablo, él y su equipo, que incluía a Silas, Timoteo y probablemente Lucas (autor de Hechos), viajaron a Filipos, una importante ciudad en la región de Macedonia (norte de Grecia) y una colonia romana.

1. La llamada a Macedonia (Hechos 16:9-12)

Pablo y su equipo inicialmente habían intentado predicar en otras regiones, pero el Espíritu Santo les impidió hacerlo. Entonces, Pablo recibió una visión en la que un hombre macedonio le rogaba que fuera a

Macedonia para ayudarlos. Considerando esto como una señal de Dios, inmediatamente partieron hacia esa región y llegaron a Filipos.

El Texto

La visión del varón macedonio

> *6 Y atravesando Frigia y la provincia de Galacia, les fue prohibido por el Espíritu Santo hablar la palabra en Asia; 7 y cuando llegaron a Misia, intentaron ir a Bitinia, pero el Espíritu no se lo permitió. 8 Y pasando junto a Misia, descendieron a Troas. 9 Y se le mostró a Pablo una visión de noche: un varón macedonio estaba en pie, rogándole y diciendo: Pasa a Macedonia y ayúdanos. 10 Cuando vio la visión, en seguida procuramos partir para Macedonia, dando por cierto que Dios nos llamaba para que les anunciásemos el evangelio.*

La iglesia no es guiada por visiones y sueños porque tenemos al Espíritu Santo y todo el texto escrito.

Sin embargo, Dios puede hablarnos por medio de visiones y sueños.

No podemos cerrarnos a la operación de los dones sobrenaturales. Yo soy continuista [1] [2] y creo en la operación de los dones del Espíritu, claro, que todo se haga decentemente y con orden (1 Corintios 14:40).

Habiendo dicho esto, debo recalcar que todo debe ser respaldado por el texto escrito.

Encarcelados en Filipos

> *11 Zarpando, pues, de Troas, vinimos con rumbo directo a Samotracia, y el día siguiente a Neápolis; 12 y de allí a Filipos, que es la primera ciudad de la provincia de Macedonia, y una colonia; y estuvimos en aquella ciudad algunos días.*

2. Conversión de Lidia (Hechos 16:13-15)

En Filipos, como no había sinagoga (lo que sugiere que la comunidad judía era pequeña), Pablo y su equipo fueron a las afueras de la ciudad, junto al río, donde pensaban que encontrarían un lugar de oración. Allí, encontraron a un grupo de mujeres que se reunían para orar. Entre ellas estaba Lidia, una comerciante de púrpura de la ciudad de Tiatira, que temía a Dios.

Pablo comenzó a predicar el evangelio, y el Señor abrió el corazón de Lidia para que respondiera al mensaje. Lidia creyó en Jesús y fue bautizada junto con toda su casa.

Luego, insistió en que Pablo y su equipo se quedaran en su casa, y ellos aceptaron su hospitalidad. Así, Lidia se convirtió en la primera convertida en Europa, y su hogar fue probablemente el primer lugar de reunión de la iglesia en Filipos.

El Texto

> *13 Y un día de reposo salimos fuera de la puerta, junto al río, donde solía hacerse la oración; y sentándonos, hablamos a las mujeres*

que se habían reunido. 14 Entonces una mujer llamada Lidia,
vendedora de púrpura, de la ciudad de Tiatira, que adoraba a
Dios, estaba oyendo; y el Señor abrió el corazón de ella para que
estuviese atenta a lo que Pablo decía. 15 Y cuando fue bautizada,
y su familia, nos rogó diciendo: Si habéis juzgado que yo sea fiel
al Señor, entrad en mi casa, y posad. Y nos obligó a quedarnos.

3. Liberación de la esclava poseída (Hechos 16:16-18)

Durante su tiempo en Filipos, Pablo y su equipo encontraron a una
joven esclava poseída por un espíritu de adivinación. Esta joven, que era
explotada por sus amos para obtener ganancias, seguía a Pablo y a los
demás, gritando que ellos eran «siervos del Dios Altísimo». Esto continuó
durante varios días, hasta que Pablo, molesto por la situación, ordenó en el
nombre de Jesús que el espíritu saliera de ella. La joven fue liberada de su
posesión demoníaca.

El Texto

16 Aconteció que mientras íbamos a la oración, nos salió al
encuentro una muchacha que tenía espíritu de adivinación, la cual
daba gran ganancia a sus amos, adivinando. 17 Esta, siguiendo a
Pablo y a nosotros, daba voces, diciendo: Estos hombres son siervos
del Dios Altísimo, quienes os anuncian el camino de salvación. 18
Y esto lo hacía por muchos días; mas desagradando a Pablo, este se

volvió y dijo al espíritu: Te mando en el nombre de Jesucristo, que salgas de ella. Y salió en aquella misma hora.

Usted pudiera decir, —Hermano Pérez, usted ha dicho que el diablo está destruido… ¿Cómo pues es que hay un espíritu de adivinación en esta muchacha?

Bueno. La razón por la cual el espíritu salió de ella es porque el diablo está destruido (Hebreos 2:14).

En los días del ministerio terrenal de Jesús (antes de la cruz), los discípulos eran enviados a echar fuera demonios y a veces no podían.

La victoria de Cristo en la cruz sobre el diablo, asegura que personas puedan ser libres.

También debemos notar que Pablo dice que la hechicería es obra de la carne (Gálatas 5:20).

Hay personas que creen que un ídolo de madera tiene poder. Para ellos tiene poder, aunque sabemos que un ídolo de madera no puede hacer nada.

De igual manera hay personas que adoran al diablo aunque este ha sido destruido.

El espíritu de adivinación por otro lado, no es otra cosa que un don pervertido.

4. Arresto de Pablo y Silas (Hechos 16:19-24)

La liberación de la joven causó un problema, ya que sus amos se dieron cuenta de que habían perdido su fuente de ingresos. Llenos de ira, capturaron a Pablo y Silas y los arrastraron ante las autoridades en la plaza del mercado, acusándolos de causar disturbios y promover costumbres ilegales para los romanos.

Las autoridades locales, sin realizar una investigación justa, ordenaron que Pablo y Silas fueran azotados y encarcelados. Después de ser golpeados, fueron puestos en la cárcel y el carcelero recibió la orden de asegurarse de que estuvieran bien vigilados. Por esta razón, los puso en el calabozo interior y les aseguró los pies en el cepo.

19 Pero viendo sus amos que había salido la esperanza de su ganancia, prendieron a Pablo y a Silas, y los trajeron al foro, ante las autoridades; 20 y presentándolos a los magistrados, dijeron: Estos hombres, siendo judíos, alborotan nuestra ciudad, 21 y enseñan costumbres que no nos es lícito recibir ni hacer, pues somos romanos. 22 Y se agolpó el pueblo contra ellos; y los magistrados, rasgándoles las ropas, ordenaron azotarles con varas. 23 Después de haberles azotado mucho, los echaron en la cárcel, mandando al carcelero que los guardase con seguridad. 24 El cual, recibido este mandato, los metió en el calabozo de más adentro, y les aseguró los pies en el cepo.

Debemos notar un principio: Persecución siempre viene antes de gran cosecha.

Hay hijos del diablo que tienen ese espíritu (Efesios 2:2) y se van a oponer a todo lo que es de Dios.

Bajo Presión

> *prendieron a Pablo y a Silas, y los trajeron*
> *al foro, ante las autoridades*

En el ministerio, muchas veces servimos a Dios bajo presión. Cuando estás sirviendo a Dios muchos se van a oponer.

Cuando el alcance crece la presión crece. La crítica, los ataques crecen.

Cuando la red crece, no sólo se recogen peces. Al sacar la red pueden venir cangrejos, botas, basura.

5. El terremoto y la conversión del carcelero (Hechos 16:25-34)

A pesar de las circunstancias, Pablo y Silas no se desanimaron. Cerca de la medianoche, oraban y cantaban himnos a Dios, y los otros prisioneros los escuchaban. De repente, hubo un gran terremoto que sacudió los cimientos de la prisión. Las puertas se abrieron y las cadenas de todos los prisioneros se soltaron.

El carcelero, al ver las puertas abiertas, pensó que los prisioneros habían escapado, lo que significaría su ejecución. Desesperado, sacó su espada para suicidarse, pero Pablo lo detuvo, asegurándole que todos los prisioneros seguían allí.

Conmovido por el acto y asombrado por lo sucedido, el carcelero cayó de rodillas y preguntó: "Señores, ¿qué debo hacer para ser salvo?". Pablo y Silas le respondieron: "Cree en el Señor Jesucristo, y serás salvo, tú y tu casa". El carcelero creyó en el mensaje de salvación y llevó a Pablo y Silas a su casa, donde él y su familia escucharon el evangelio y fueron bautizados esa misma noche. Lleno de alegría, el carcelero les lavó las heridas y los invitó a su mesa.

El Texto

25 Pero a medianoche, orando Pablo y Silas, cantaban himnos a Dios; y los presos los oían. 26 Entonces sobrevino de repente un gran terremoto, de tal manera que los cimientos de la cárcel se sacudían; y al instante se abrieron todas las puertas, y las cadenas de todos se soltaron. 27 Despertando el carcelero, y viendo abiertas las puertas de la cárcel, sacó la espada y se iba a matar, pensando que los presos habían huido. 28 Mas Pablo clamó a gran voz, diciendo: No te hagas ningún mal, pues todos estamos aquí. 29 Él entonces, pidiendo luz, se precipitó adentro, y temblando, se postró a los pies de Pablo y de Silas; 30 y sacándolos, les dijo: Señores, ¿qué debo hacer para ser salvo? 31 Ellos dijeron: Cree en el Señor Jesucristo, y serás salvo, tú y tu casa. 32 Y le hablaron la palabra del Señor a él y a todos los que estaban en su casa. 33 Y él, tomándolos en aquella misma hora de la noche, les lavó las heridas; y en seguida se bautizó él con todos los suyos. 34 Y llevándolos a su casa, les puso la mesa; y se regocijó con toda su casa de haber creído a Dios.

6. Liberación de Pablo y Silas (Hechos 16:35-40)

A la mañana siguiente, las autoridades enviaron a los oficiales para que liberaran a Pablo y Silas. Sin embargo, Pablo exigió una disculpa pública, ya que ellos habían sido azotados y encarcelados sin juicio, a pesar de ser ciudadanos romanos. Esto alarmó a los magistrados, quienes temían las consecuencias de haber tratado mal a ciudadanos romanos. Fueron a la cárcel personalmente, se disculparon y les rogaron que abandonaran la ciudad.

Antes de irse de Filipos, Pablo y Silas visitaron la casa de Lidia para animar a los creyentes que se reunían allí. Luego, partieron de la ciudad, dejando una iglesia naciente en Filipos, la cual continuaría floreciendo.

El Texto

35 Cuando fue de día, los magistrados enviaron alguaciles a decir: Suelta a aquellos hombres. 36 Y el carcelero hizo saber estas palabras a Pablo: Los magistrados han mandado a decir que se os suelte; así que ahora salid, y marchaos en paz. 37 Pero Pablo les dijo: Después de azotarnos públicamente sin sentencia judicial, siendo ciudadanos romanos, nos echaron en la cárcel, ¿y ahora nos echan encubiertamente? No, por cierto, sino vengan ellos mismos a sacarnos. 38 Y los alguaciles hicieron saber estas palabras a los magistrados, los cuales tuvieron miedo al oír que eran romanos. 39 Y viniendo, les rogaron; y sacándolos, les pidieron que salieran de la ciudad. 40 Entonces, saliendo de la cárcel, entraron en casa de Lidia, y habiendo visto a los hermanos, los consolaron, y se fueron.

Conclusión

Así fue como Pablo fundó la iglesia en Filipos. Aunque comenzó con algunas dificultades y persecuciones, la iglesia se estableció con creyentes fieles como Lidia, su familia, y el carcelero con su familia. La carta de Pablo a los Filipenses, escrita años después, muestra el cariño y la gratitud de Pablo hacia esta comunidad que se convirtió en una fuente de alegría y apoyo constante en su ministerio.

Tema Central de la Carta

El tema central de la epístola es el gozo en Cristo a pesar de las circunstancias adversas. Pablo escribe desde la prisión, pero en lugar de desánimo o queja, su carta está llena de expresiones de alegría y gratitud. Este gozo no está basado en situaciones externas, sino en la relación íntima con Cristo y en el avance del evangelio.

Además del gozo, Pablo también aborda otros temas importantes, como:

1. **Unidad y humildad en la iglesia:** Los filipenses enfrentaban algunas divisiones internas, por lo que Pablo los exhorta a ser de "un mismo sentir" y les presenta el ejemplo de la humildad y sacrificio de Cristo (Filipenses 2:1-11).

2. **Advertencia contra los falsos maestros:** En Filipenses 3, Pablo advierte contra los "judaizantes", quienes enseñaban que la salvación dependía de la circuncisión y de las obras de la ley.

3. **Agradecimiento por el apoyo de los filipenses:** Pablo agradece a la iglesia por el apoyo financiero que le enviaron a través de Epafrodito (Filipenses 4:10-18).

Divisiones de la Carta

La carta a los Filipenses puede dividirse en las siguientes secciones:

1. Saludo e Introducción

(Filipenses 1:1-11):

Pablo saluda a los santos en Filipos y expresa su gratitud por ellos. Ora por su crecimiento espiritual y comunión en el evangelio.

2. El Progreso del Evangelio y el Ejemplo de Pablo

(Filipenses 1:12-26):

Pablo relata cómo su encarcelamiento ha contribuido al avance del evangelio, y expresa su deseo de continuar sirviendo a Cristo, ya sea en vida o muerte.

3. Exhortación a la Unidad y el Ejemplo de Cristo

(Filipenses 1:27 – 2:18):

Pablo exhorta a los filipenses a vivir de manera digna del evangelio, en unidad y humildad. Les presenta a Cristo como el supremo ejemplo de humildad, mostrando cómo Él se despojó de su gloria para morir en la cruz.

4. Los Ejemplos de Timoteo y Epafrodito

(Filipenses 2:19-30):

Pablo presenta a Timoteo y Epafrodito como modelos de servicio y dedicación al evangelio. Epafrodito casi muere sirviendo a Pablo, y Pablo lo envía de regreso a Filipos con esta carta.

5. Advertencias contra los Falsos Maestros

(Filipenses 3:1-21):

Pablo advierte contra aquellos que enseñan que la circuncisión y las obras de la ley son necesarias para la salvación. Testifica sobre su propio abandono de la justicia basada en la ley y su búsqueda de la justicia que es por la fe en Cristo.

6. Exhortaciones Finales y Agradecimiento

(Filipenses 4:1-23):

Pablo exhorta a los filipenses a regocijarse, a ser amables y a no estar ansiosos, sino a orar. Expresa su agradecimiento por el apoyo financiero que le han enviado y les asegura que Dios suplirá todas sus necesidades.

COMENTARIO

versículo por versículo

CAPÍTULO 1

Filipenses 1:1-30

Salutación (Filipenses 1:1-2)

1:1

Pablo y Timoteo, siervos de Jesucristo, a todos los santos en Cristo Jesús que están en Filipos, con los obispos y diáconos:

Ahora, pues, si diereis oído a mi voz, y guardareis mi pacto, vosotros seréis mi especial tesoro sobre todos los pueblos... y vosotros me seréis un reino de sacerdotes, y gente santa. Éxodo 19:5-6 RVR1960

Calvino dice: «Mientras Pablo está acostumbrado, en la inscripción de sus epístolas, a emplear títulos de distinción, con el fin de obtener crédito para él mismo y su ministerio, no había necesidad de alargar las recomendaciones por escrito a los filipenses, quienes lo conocían por experiencia como un verdadero apóstol de Cristo». [M1]

Pablo se presenta junto a Timoteo como siervos de Cristo, dirigiéndose a los creyentes en Filipos, incluyendo a los líderes de la iglesia (obispos y diáconos). La carta está destinada a toda la comunidad de creyentes.

Con Timoteo

Timoteo está acompañado a Pablo en Roma en su prisión.

En esa primera prisión de dos años en Roma, Pablo podía recibir a los hermanos en la fe que laboraban con él a favor del evangelio.

Y Pablo permaneció dos años enteros en una casa alquilada,
y recibía a todos los que a él venían, predicando el reino de
Dios y enseñando acerca del Señor Jesucristo, abiertamente
y sin impedimento. Hechos 28:30-31 RVR1960

La segunda prisión ya fue en una celda y mucho más severa para el apóstol. Él no tuvo muchos visitantes, y presentía que su muerte era inminente (2 Timoteo 4:6).

Obispos

La carta está dirigida a todos los santos. Es para ser leída por todos. Sin embargo, Pablo incluye a Obispos y Diáconos en los destinatarios.

Un obispo era alguien que estaba en posición de autoridad.

En el Nuevo Testamento, obispo es una traducción de la palabra griega episkapos (del latín tardío episcŏpus, y este del griego ἐπίσκοπος epískopos; significa literalmente «inspector» o «supervisor».) [1] La misma palabra también se traduce como anciano [2], pastor o sobreveedor. [3] Todas estas palabras se refieren a la misma función del líder de una iglesia local.

Por tanto, mirad por vosotros, y por todo el rebaño en que el Espíritu
Santo os ha puesto por obispos, para apacentar la iglesia del Señor,
la cual él ganó por su propia sangre. Hechos 20:28 RVR1960

En Primera de Timoteo 3 y Tito 1 vemos referencia a los requisitos para el obispado, aunque vemos el uso de «anciano» con más frecuencia.

Palabra fiel: Si alguno anhela obispado, buena obra desea. Pero
es necesario que el obispo sea irreprensible, marido de una sola
mujer, sobrio, prudente, decoroso, hospedador, apto para enseñar;

no dado al vino, no pendenciero, no codicioso de ganancias deshonestas, sino amable, apacible, no avaro; que gobierne bien su casa, que tenga a sus hijos en sujeción con toda honestidad 5 (pues el que no sabe gobernar su propia casa, ¿cómo cuidará de la iglesia de Dios?); no un neófito, no sea que envaneciéndose caiga en la condenación del diablo. También es necesario que tenga buen testimonio de los de afuera, para que no caiga en descrédito y en lazo del diablo. 1 Timoteo 3:1—7 RVR1960

Diáconos

La palabra «diácono» (del griego διακονος, diakonos, y luego del latín diaconus, significa «servidor») [4].

Al comienzo de la iglesia vemos la elección de los primeros diáconos y claramente la tarea de estos era servir.

En aquellos días, como creciera el número de los discípulos, hubo murmuración de los griegos contra los hebreos, de que las viudas de aquellos eran desatendidas en la distribución diaria. Entonces los doce convocaron a la multitud de los discípulos, y dijeron: No es justo que nosotros dejemos la palabra de Dios, para servir a las mesas. Buscad, pues, hermanos, de entre vosotros a siete varones de buen testimonio, llenos del Espíritu Santo y de sabiduría, a quienes encarguemos de este trabajo. Y nosotros persistiremos en la oración y en el ministerio de la palabra. Agradó la propuesta a toda la multitud; y eligieron a Esteban, varón lleno de fe y del Espíritu Santo, a Felipe, a Prócoro, a Nicanor, a Timón, a Parmenas, y a Nicolás prosélito de Antioquía; a los cuales presentaron ante los apóstoles, quienes, orando, les impusieron las manos. Hechos 6:1—6 RVR1960

1:2

*Gracia y paz a vosotros,
de Dios nuestro Padre y
del Señor Jesucristo.*

*Jehová te bendiga, y te guarde…
ponga en ti paz.*
Números 6:24–26 RVR1960

Usualmente el saludo de gracia
se practicaba entre los gentiles;
Mientras que el saludo de paz se
practicaba entre los judíos. Esto
puede implicar que había gentiles
y judíos en esta congregación
amada. [M2]

También recordemos que la paz
que Dios da es diferente a la que el
mundo nos da (Jn. 14:27). [M3]

Pablo comienza con una bendición común
en sus cartas, deseando gracia y paz de parte
de Dios Padre y del Señor Jesucristo para
los filipenses.

Gracia y Paz

Es una típica salutación paulina,
deseando gracia y paz a los creyentes, una
combinación de saludos griegos y judíos.

- Uso de la palabra «gracia» en el saludo,
  hace referencia al favor inmerecido de
  Dios hacia la humanidad, mientras
  que la paz implica la tranquilidad y el
  bienestar que provienen de la relación
  con Dios, o fruto de esa gracia.

- Este saludo es diferente y hace un gran
  contraste al saludo del antiguo pacto,
  donde se decía: «Jehová te bendiga, y
  te guarde» (Números 6:24). Al decir
  «Jehová te bendiga» se hacía referencia a
  una bendición en futuro y condicionada
  a comportamiento.

En el nuevo pacto, ya hemos sido
«bendecidos» con toda bendición espiritual
—tiempo pasado— (Efesios 1:3). Entonces,
estando ya bendecidos, lo que queda dar es

un recordatorio en cuanto a la manera en que ya recibimos esta bendición —por gracia. Gracia y paz, más que un saludo, es un recordatorio de lo que Cristo hizo en la cruz.

En la frase «*de Dios nuestro Padre y del Señor Jesucristo*» Pablo hace una distinción entre Dios Padre y Dios Hijo.

No hace mención explícita del Espíritu Santo, sólo al Padre y al Hijo (dos miembros de la trinidad).

Sin embargo, Paz y Gracia nos llegan por el Espíritu Santo, y esto coloca implícitamente la presencia de la trinidad en el texto, como argumentan algunos teólogos como por ejemplo Doug Wilson. [5]

Acción de Gracias y Oración (Filipenses 1:3-11)

1:3

Doy gracias a mi Dios siempre que me acuerdo de vosotros,

Pablo expresa su gratitud a Dios cada vez que recuerda a los filipenses, mostrando su amor y aprecio por ellos.

1:4

siempre en todas mis oraciones rogando con gozo por todos vosotros,

Mirad cuán bueno y cuán delicioso es habitar los hermanos juntos en armonía. Salmo 133:1 RVR1960

Pablo ora continuamente por los filipenses, haciéndolo con gozo debido a su relación especial con ellos.

Con gran gozo

A pesar de que Pablo está en prisión, esta es una epístola de gozo. Los filipenses son un buen fruto del trabajo de Pablo, son causa de regocijo.

También vemos como es posible permanecer en gozo aún en medio de tribulaciones.

1:5

por vuestra comunión en el evangelio, desde el primer día hasta ahora;

Él agradece la comunión que los filipenses han mantenido en el evangelio desde el principio, resaltando su compromiso constante en la obra de Dios.

Esta relación de Pablo con los Filipenses es duradera y firme.

1:6

estando persuadido de esto, que el que comenzó en vosotros la buena obra, la perfeccionará hasta el día de Jesucristo;

Jehová cumplirá su propósito en mí; tu misericordia, oh Jehová, es para siempre... Salmo 138:8 RVR1960

La obra de la gracia nunca se perfeccionará hasta el día de Jesucristo, el día de su aparición. Pero siempre podemos confiar en que Dios llevará a cabo su buena obra, en cada alma en la que realmente la haya comenzado por medio de la regeneración; aunque no debemos confiar en las apariencias externas, ni en nada que no sea una nueva creación para la santidad. M4

Pablo expresa confianza en que Dios, quien comenzó una buena obra en ellos (su salvación y crecimiento espiritual), la llevará a cabo hasta la venida de Cristo.

Dios perfecciona lo que Él comienza

Dios es el Omega de Su propio Alfa.

> *Yo soy el Alfa y la Omega, principio y fin, dice el Señor, el que es y que era y que ha de venir, el Todopoderoso. Apocalipsis 1:8 RVR1960*

La perfeccionará

Esta es la santificación en el creyente.

Bajo la ley, los fariseos veían la santificación (o purificación) como algo que uno no hace. Algo de lo que te abstienes.

Esto se conoce como «ascetismo». [7]

En el nuevo pacto, la santidad no es un producto de nuestro esfuerzo humano siguiendo preceptos de abstención entregados en la ley mosaica.

No depende de lo que hacemos o no hacemos sino a quién pertenecemos.

Pablo en Romanos nos dice que la santificación es fruto.

> *Mas ahora que habéis sido libertados del pecado y hechos siervos de Dios, tenéis por vuestro fruto la santificación, y como fin, la vida eterna. Romanos 6:22 RVR1960*

El escritor de Hebreos ya llama «santificados» a aquellos que han sido perfeccionados por medio del sacrificio de Cristo.

> *...porque con una sola ofrenda hizo perfectos para siempre a los santificados. Hebreos 10:14 RVR1960*

La traducción LBLA dice: *«a los que son santificados»*.

Sin embargo, la traducción NVI dice: *«a los que está santificando»*, en presente continuo.

La palabra griega es: «ἁγιαζομένους», transliterado: «hagiázō». [6]

El término griego es «acusativo, presente, pasivo, masculino y plural».

Y se puede traducir: A los «[que] hago santos, trato como santos, aparto como santos».

La traducción NTV dice:

> *Pues mediante esa única ofrenda, él perfeccionó para siempre a los que está haciendo santos. Hebreos 10:14 NTV*

La frase «está haciendo santos», es posiblemente la más acercada al griego original. Esta indica que la santificación es un proceso. Estamos siendo santificados.

Viendo todo el texto en el conjunto de las diferentes traducciones, nos queda claro que la santificación, «nunca fue un esfuerzo nuestro». Es una obra que comienza y perfecciona Dios en nosotros.

Dios la comienza en nosotros por Su gracia y la perfecciona en nosotros por medio de Su gracia.

1:7

Como me es justo sentir esto de todos vosotros, por cuanto os tengo en el corazón, y en mis prisiones, y en la defensa y confirmación del evangelio, todos vosotros sois participantes conmigo de la gracia.

Una verdadera prueba de una verdadera unión con Cristo. [M5]

Es decir, comunicáis conmigo en mis sufrimientos, que aquí llama su "gracia"; y les dice: Filipenses 1:29 ; "A vosotros os es concedido", como honorario, "sufrir por causa de Cristo". Crudelitas vestra gloria nostra, Tu crulty es nuestra gloria, dijeron aquellos mártires primitivos. [M6]

Pablo siente un profundo afecto por los filipenses, ya que han sido sus compañeros y han compartido con él tanto en sus prisiones como en su trabajo en defensa y confirmación del evangelio. Se sienten participantes de la gracia de Dios junto a Pablo.

Los Filipenses —como lo veremos en detalles más adelante— apoyaron a Pablo aún financieramente en sus labores misioneras en otras regiones.

> *Porque Macedonia y Acaya tuvieron a bien hacer una ofrenda para los pobres que hay entre los santos que están en Jerusalén. Romanos 15:26 RVR1960*

Y cuando estaba entre vosotros y tuve necesidad, a ninguno fui carga, pues lo que me faltaba, lo suplieron los hermanos que vinieron de Macedonia, y en todo me guardé y me guardaré de seros gravoso. 2 Corintios 11:9 RVR1960

Y sabéis también vosotros, oh filipenses, que al principio de la predicación del evangelio, cuando partí de Macedonia, ninguna iglesia participó conmigo en razón de dar y recibir, sino vosotros solos... Filipenses 4:15 RVR1960

1:8

Porque Dios me es testigo de cómo os amo a todos vosotros con el entrañable amor de Jesucristo.

Pablo llama a Dios como testigo del gran amor que tiene por los filipenses, un amor profundo que proviene de Jesucristo.

El texto nos muestra la relación tan especial que el apóstol tenía con los hermanos en Filipos.

1:9

Y esto pido en oración, que vuestro amor abunde aún más y más en ciencia y en todo conocimiento,

Porque misericordia quiero, y no sacrificio, y conocimiento de Dios más que holocaustos. Oseas 6:6 RVR1960

Pablo ora para que el amor de los filipenses crezca cada vez más, acompañado de conocimiento y discernimiento espiritual.

Pablo, sabe que ellos le aman y se lo han demostrado. Sin embargo, está interesado en que amen el conocimiento.

¿Cuál conocimiento? El conocimiento de Cristo.

De la misma manera que les escribe a los

Efesios desde la misma prisión.

> *para que el Dios de nuestro Señor Jesucristo, el Padre*
> *de gloria, os dé espíritu de sabiduría y de revelación en*
> *el conocimiento de él... Efesios 1:17 RVR1960*

Por ese conocimiento, Pablo les dice más adelante a los filipenses que él lo ha perdido todo.

> *Y ciertamente, aun estimo todas las cosas como pérdida por*
> *la excelencia del conocimiento de Cristo Jesús, mi Señor,*
> *por amor del cual lo he perdido todo, y lo tengo por basura,*
> *para ganar a Cristo... Filipenses 3:8 RVR1960*

Pablo recalca este mensaje en las otras cartas de la prisión. Colosenses 1:9,10; 2:3; 3:10, Filemón 1:6.

A los Colosenses les dijo que sean *«llenos del conocimiento de su voluntad en toda sabiduría e inteligencia espiritual»* (Colosenses 1:9)

Conocimiento espiritual

Aunque Pablo era un erudito y estudiado en las mejores escuelas, no está hablando de acumular información o conocimiento académico. Se refiere a conocimiento o inteligencia espiritual.

Hay personas que tienen una alta educación escolar y no entienden las cosas espirituales, y otros que no poseen altos grados académicos y entienden verdades espirituales incluyendo la gracia de Dios que es una revelación.

> *Pero el hombre natural no percibe las cosas que son del Espíritu de*
> *Dios, porque para él son locura, y no las puede entender, porque se*
> *han de discernir espiritualmente. 1 Corintios 2:14 RVR1960*

1:10

para que aprobéis lo mejor, a fin de que seáis sinceros y sin ofensa para el día de Cristo,

Porque día de Jehová de los ejércitos vendrá sobre todo soberbio y altivo, sobre todo enaltecido, y será abatido.. Isaías 2:12 RVR1960

No habéis subido a las brechas, ni habéis edificado un muro alrededor de la casa de Israel, para que resista firme en la batalla en el día de Jehová. Ezequiel 13:5 RVR1960

Calla en la presencia de Jehová el Señor, porque el día de Jehová está cercano; porque Jehová ha preparado sacrificio, y ha dispuesto a sus convidados. Sofonías 1:7 RVR1960

He aquí, el día de Jehová viene, y en medio de ti serán repartidos tus despojos. Zacarías 14:1 RVR1960

O prueba las cosas que difieren, para que no te engañen ni te deshagas, como muchos hombres compran una mercancía falsa a un precio irrazonable. Una piedra de Bristol parece un diamante y muchas cosas brillan además del oro. [M7]

Pablo quiere que el amor de los filipenses se traduzca en habilidad para discernir y escoger lo que sea moralmente mejor. En consecuencia, su vida será transparente y pura, y no será ocasión de tropiezo para otros. [M8]

Él desea que los filipenses puedan discernir lo que es mejor, para que vivan con sinceridad y sin culpa, en preparación para el día de Cristo.

El conocimiento de Cristo es mejor.

El día de Cristo

Se está refiriendo al regreso del Señor.

La frase «el día del Señor» usualmente identifica los eventos que tendrán lugar al final de la historia (Isaías 7:18-25) y a menudo se asocia estrechamente con la frase «en aquel día».

La frase «el día del Señor» la vemos repetidamente en el Antiguo Testamento (Isaías 2:12; 13:6, 9; Ezequiel 13:5, 30:3; Joel 1:15, 2:1, 11, 31; 3:14; Amós 5:18, 20; Abdías 15; Sofonías 1:7, 14; Zacarías 14:1; Malaquías 4:5) y varias veces en el Nuevo Testamento (Hechos 2:20; 1 Corintios 5:5; 2 Corintios 1:14; 1 Tesalonicenses 5:2; 2 Tesalonicenses 2:2; 2 Pedro 3:10; Apocalipsis 6:17; 16:14).

1:11

llenos de frutos de justicia que son por medio de Jesucristo, para gloria y alabanza de Dios.

Pablo ora para que los filipenses estén llenos de frutos de justicia (buenas obras y santidad) que provienen de Jesucristo, para la gloria y alabanza de Dios.

Los buenos frutos no nos salvan pero sí glorifican a Dios.

El Progreso del Evangelio a Pesar de las Prisiones (Filipenses 1:12-18)

1:12

Quiero que sepáis, hermanos, que las cosas que me han sucedido, han redundado más bien para el progreso del evangelio,

Vosotros pensasteis mal contra mí, mas Dios lo encaminó a bien... Génesis 50:20 RVR1960

Pablo les informa que sus sufrimientos y encarcelamientos han servido para avanzar el evangelio, en lugar de detenerlo.

La presencia de Pablo en Roma trajo el evangelio a cada rincón del imperio romano. En su encarcelamiento escribió estas epístolas y su legado dio forma al cristianismo.

1:13

de tal manera que mis prisiones se han hecho patentes en Cristo en todo el pretorio, y a todos los demás.

Bueno me es haber sido afligido, para que aprenda tus estatutos. Salmo 119:71 RVR1960

Su encarcelamiento ha sido conocido por toda la guardia imperial (pretorio) y por muchos otros, y su situación ha hecho que Cristo sea conocido aún más.

1:14

Y la mayoría de los hermanos, cobrando ánimo en el Señor con mis prisiones, se atreven mucho más a hablar la palabra sin temor.

Pablo señala que su encarcelamiento ha motivado a otros creyentes a predicar el evangelio con más valentía, sin temor.

1:15

Algunos, a la verdad, predican a Cristo por envidia y contienda; pero otros de buena voluntad.

Así será mi palabra… no volverá a mí vacía, sino que hará lo que yo quiero. Isaías 55:11 RVR1960

Aquí hay otro fruto de los lazos de Pablo, que no solo los hermanos despertaron la confianza con su ejemplo, algunos al mantener su posición, otros al volverse más ansiosos por enseñar, sino que incluso aquellos que le deseaban el mal estaban motivados por otro motivo. [M9]

Reconoce que algunos predican a Cristo por envidia y rivalidad, mientras que otros lo hacen con sinceridad y buena voluntad.

Esta realidad se ha vivido durante toda la historia de la iglesia y es muy evidente hoy en día.

Es fácil enfocarnos en tantos malos ministros y escándalos que traen mal nombre al evangelio. Sin embargo es mucho mejor seguir el ejemplo de Pablo y enfocarnos en lo que hacen los que sí son verdaderos ministros.

Esta idea se extiende a los siguientes tres versículos.

1:16

Los unos anuncian a Cristo por contención, no sinceramente, pensando añadir aflicción a mis prisiones;

Algunos lo hacen por motivos egoístas, esperando causarle más problemas en su encarcelamiento.

La Reina Valera Contemporánea usa la palabra *«rivalidad»* en lugar de *«contención».*

La Traducción al Lenguaje Actual dice «lo hacen sólo por competir conmigo», y *«porque me envidian»* uniendo el versículo 15 y el 16.

Leamos el texto completo.

> *Es cierto que algunos anuncian la buena noticia porque de veras quieren ayudar: aman a Cristo y saben que Dios me ha dado la tarea de defender la buena noticia. En cambio, hay otros que lo hacen sólo por competir conmigo, o porque me envidian. Filipenses 1:15,16 TLA*

Esa rivalidad o competencia existe hoy en día. Es una actitud triste que revela a quienes no son sinceros.

1:17

pero los otros por amor, sabiendo que estoy puesto para la defensa del evangelio.

Los manuscritos más antiguos trasponen estos dos versículos (16-17) y leen: "Estos (últimos), a la verdad, por amor (a Cristo y a mí) sabiendo (lo contrario a "pensando," en la frase que sigue) que estoy puesto (por Dios; 1 Th 3:3) por la defensa del evangelio (v. 7; no por causa mía). Pero los otros por contención (más bien "de un espíritu faccioso"; "maquinación"; un espíritu de intriga, usando de métodos inescrupulosos para lograr sus fines... [M10]

Otros, en cambio, predican por amor, reconociendo que Pablo está en prisión para defender el evangelio.

Otra vez, Pablo prefiere ver el lado positivo. Otros predican por amor.

Hoy en día, usted puede escuchar de los pastores que se han hecho ricos haciendo mercadería con el evangelio, sin embargo, conozco a muchos pastores que viven vidas modestas y sufren por causa del evangelio. Muchos viven con limitaciones financieras por causa del ministerio.

Enfoquémonos en lo bueno.

1:18

¿Qué, pues? Que no obstante, de todas maneras, o por pretexto o por verdad, Cristo es anunciado; y en esto me gozo, y me gozaré aún.

Sufrió de falsos amigos, así como de enemigos. ¡Qué miserable es el temperamento de los que predicaban a Cristo por envidia y contienda, y para añadir aflicción a los lazos que oprimían a este gran hombre! [M11]

Pablo no se preocupa por los motivos de aquellos que predican por envidia, ya que lo importante para él es que Cristo es predicado. Esto le trae gozo.

Esto responde a las dudas de quienes se convirtieron a Cristo por medio de un mal ministro. Usted está en Cristo porque es el Espíritu Santo quien puso en usted la necesidad de responder al llamado. Eso es lo importante.

A los que predican por competencia, envidia u otras motivaciones incorrectas los juzgará Dios.

Vivir es Cristo (Filipenses 1:19-26)

1:19

Porque sé que por vuestra oración y la suministración del Espíritu de Jesucristo, esto resultará en mi liberación,

Y él mismo será mi salvación, Porque no entrará en su presencia el impío. Job 13:16 RVR1960

Pablo no sabía si sería puesto en libertad o condenado a muerte [M12]

Pablo confía en que, a través de las oraciones de los filipenses y la ayuda del Espíritu de Jesucristo, su situación finalmente llevará a su liberación.

Es posible que estas oraciones fueron respondidas y Pablo fue liberado por un corto tiempo.

En la segunda carta a Timoteo, Pablo está de nuevo en prisión, esta ya era un calabozo y horribles condiciones a punto de ser martirizado.

1:20

conforme a mi anhelo y esperanza de que en nada seré avergonzado; antes bien, con toda confianza, como siempre, ahora también será magnificado Cristo en mi cuerpo, o por vida o por muerte.

Pablo expresa su esperanza de que, sea cual sea el resultado, Cristo será exaltado en su cuerpo, ya sea que viva o muera.

Según mis expectativas. ¿Debería alguien objetar: "De qué se deriva ese conocimiento?" él responde: "De la esperanza". Ya que es cierto que Dios de ninguna manera diseña frustrar nuestra esperanza, la esperanza en sí misma no debería estar vacilando. Entonces, el lector piadoso observe cuidadosamente este adverbio secundum, (según), que puede estar completamente seguro en su propia mente, que es imposible pero que el Señor cumplirá nuestras expectativas, ya que está fundado en su propia palabra. [M13]

1:21

Porque para mí el vivir es Cristo, y el morir es ganancia.

Muchas son las aflicciones del justo, pero de todas ellas le librará Jehová. Salmo 34:19 RVR1960

Vivir para Cristo significa vivir de tal manera que seamos el medio para que otras personas vean la grandeza de Cristo, encontrando en Él su tesoro supremo y su mayor satisfacción. Eso es lo que significa glorificarse en Cristo y ser feliz en Él. Esa es la primera respuesta. [M14]

Para Pablo, vivir significa servir y glorificar a Cristo, y morir es ganancia, porque estará con Cristo.

Esta es una total victoria en la vida del apóstol.

¿Cómo se puede atacar satisfactoriamente a alguien que no le teme a la muerte?

Esta es la firmeza de alguien que tiene convicción en que si muere, estará con Cristo.

1:22

Mas si el vivir en la carne resulta para mí en beneficio de la obra, no sé entonces qué escoger.

Si continúa viviendo, será fructífero para la obra de Dios, pero Pablo se debate entre el deseo de seguir sirviendo o irse con Cristo.

El beneficio de la obra es lo más importante.

Como las personas desesperadas se sienten perplejas sobre si deberían prolongar su vida más allá en las miserias, o terminar sus problemas con la muerte, así, Paul, por otro lado, dice que él está, en un espíritu de satisfacción, muy bien preparado para la muerte o para la vida, porque la condición de los creyentes, tanto en un caso como en el otro, es bendecida, de modo que no puede elegir. Si vale la pena; es decir, "si tengo razones para creer que habrá más ventajas de mi vida que de mi muerte, no veo cuál de ellas debería preferir". Vivir en la carne, es una expresión que ha utilizado con desprecio, al compararlo con una vida mejor. [M15]

1:23

Porque de ambas cosas estoy puesto en estrecho, teniendo deseo de partir y estar con Cristo, lo cual es muchísimo mejor;

Partir y estar con Cristo: Pablo considera posible el ser condenado a muerte por las autoridades romanas. [M16]

Pablo está en un dilema, ya que desea partir y estar con Cristo (lo cual es mucho mejor), pero también siente la responsabilidad de seguir sirviendo.

El texto nos dice claramente que la vida eterna con Cristo es superior a la vida que vivimos en este mundo caído y lleno de aflicciones.

1:24

pero quedar en la carne es más necesario por causa de vosotros.

Sin embargo, reconoce que permanecer en el cuerpo es más necesario para los filipenses, por lo que está dispuesto a seguir viviendo.

1:25

Y confiado en esto, sé que quedaré, que aún permaneceré con todos vosotros, para vuestro provecho y gozo de la fe,

Algunos, considerando que es una cosa inconsistente que el Apóstol (82) debería reconocerse decepcionado de sus expectativas, es de la opinión de que luego fue liberado de los lazos , y recorrió muchos países del mundo. [M17]

Pablo expresa confianza en que permanecerá con ellos, para que su fe y gozo sigan creciendo.

La "confianza" aquí mencionada era que su vida era necesaria para ellos y, por lo tanto, que Dios lo perdonaría. Una traducción literal sería: "Y ser persuadido de esto o de esto" - τοῦτο πεποιθὼς touto pepoithōs - "Lo sé", etc. La base de su expectativa de que debería vivir no parece ha habido alguna revelación a tal efecto, como supone Doddridge; o cualquier insinuación que tuviera del palacio sobre las intenciones del gobierno, como algunos suponen, pero el hecho de que él creía que su vida era necesaria para ellos, y que por lo tanto Dios la preservaría. [M18]

1:26

para que abunde vuestra gloria de mí en Cristo Jesús por mi presencia otra vez entre vosotros.

A través de la misericordia y la gracia de Cristo, si se salvó, su liberación se remontaría a Cristo, y ellos se regocijarían juntos en uno que lo había entregado tan misericordiosamente. [M19]

Su presencia entre ellos les permitirá gloriarse aún más en Cristo Jesús.

Los filipenses estaban orgullosos de la labor de Pablo —en el buen sentido de la palabra. Y esto traía gloria a Dios. Vea como lo traduce la NTV.

> *Y cuando vuelva, tendrán más razones todavía para sentirse orgullosos en Cristo Jesús de lo que él está haciendo por medio de mí. Filipenses 1:26 NTV*

Exhortación a la Unidad y a la Perseverancia (Filipenses 1:27-30)

1:27

Solamente que os comportéis como es digno del evangelio de Cristo, para que o sea que vaya a veros, o que esté ausente, oiga de vosotros que estáis firmes en un mismo espíritu, combatiendo unánimes por la fe del evangelio,

Esfuérzate y sé valiente… porque Jehová tu Dios estará contigo. Josué 1:9 RVR1960

Pablo les insta a vivir de manera digna del evangelio, firmes en un solo espíritu, luchando juntos por la fe del evangelio.

Esto es un llamado a la unidad y a la perseverancia.

Vemos que la unidad entre creyentes es muy importante para Pablo como lo vimos también en la carta a los Efesios —también enviada desde la misma prisión

1:28

y en nada intimidados por los que se oponen, que para ellos ciertamente es indicio de perdición, mas para vosotros de salvación, y esto de Dios.

Que es para ellos... Ἥτις αυτοις εστιν. Algunos críticos muy juiciosos consideran que ητις se refiere a πιστις, la fe del Evangelio, que ellos, los paganos, consideraban una señal de perdición para todos los que la abrazaban; pero, como dice el apóstol, era para ellos los filipenses, por el contrario, la señal más evidente de salvación... [M20]

Les exhorta a no temer a los que se oponen, ya que su firmeza es una señal de la destrucción de los enemigos y de la salvación de ellos mismos, todo obra de Dios.

En todo lo que usted haga a favor del evangelio, tendrá oposición. Esta oposición viene de personas que son enemigas del evangelio.

...habiendo abrazado la fe de nuestro Señor Jesucristo, estaban indiscutiblemente en el camino de la bienaventuranza eterna. [M21]

1:29

Porque a vosotros os es concedido a causa de Cristo, no solo que creáis en él, sino también que padezcáis por él,

Cuando pases por las aguas, yo estaré contigo... Isaías 43:1–2RVR1960

Les recuerda que, en Cristo, no solo se les ha dado el privilegio de creer en Él, sino también de sufrir por Él.

Padecer por Cristo es un privilegio que nos es concedido.

1:30

teniendo el mismo conflicto que habéis visto en mí, y ahora oís que hay en mí.

El término griego aquí traducido conflicto es agón, del cual deriva la palabra agonía... [M22]

Pablo les dice que ellos están enfrentando lo mismo.

Y es evidente, cuando usted predica el evangelio que predicaba Pablo, tendrá padecimiento.

CAPÍTULO 2

Filipenses 2:1-30

Exhortación a la Unidad y Humildad (Filipenses 2:1-4)

2:1

Por tanto, si hay alguna consolación en Cristo, si algún consuelo de amor, si alguna comunión del Espíritu, si algún afecto entrañable, si alguna misericordia,

Si hay algún consuelo en el ejercicio del tierno cariño... Es cuando amamos a un padre, una esposa, un hijo, una hermana, un vecino, que tenemos el mayor disfrute terrenal. Es en el amor de Dios, de Cristo, de los cristianos, de las almas de las personas, que los redimidos encuentran su mayor felicidad. [M23]

Como he dicho antes en otros comentarios y estudios; en los manuscritos antiguos no existía la división de capítulos y versículos —algo añadido años más tarde para ayudarnos a encontrar pasajes [1].

Entonces al el texto decir: «Por tanto», nos está enlazando a la idea que leímos en el capítulo anterior.

Unidad en el padecimiento

En el último versículo del capítulo anterior, Pablo dice: *«teniendo el mismo conflicto que habéis visto en mí».*

En esto vemos unidad. Unidad en el padecimiento.

Si bien, podemos identificarnos con Pablo en el sufrimiento —el contexto en este caso es persecusión (ver 1:28 y 29)— también podemos identificarnos los unos con los otros cuando tenemos padecimiento comunes, pero sobre todo, podemos identificarnos con Cristo en Sus padecimientos.

¿Quién podrá entenderte mejor que alguien que ya ha padecido lo mismo?

Porque a vosotros os es concedido a causa de Cristo, no solo que creáis en él, sino también que padezcáis por él, Filipenses 1:29 RVR1960

Más adelante en la epístola, Pablo nos dice:

a fin de conocerle, y el poder de su resurrección, y la participación de sus padecimientos, llegando a ser semejante a él en su muerte, Filipenses 3:10 RVR1960

Pedro —apóstol a la circuncisión— comparte la misma convicción.

sino gozaos por cuanto sois participantes de los padecimientos de Cristo, para que también en la revelación de su gloria os gocéis con gran alegría. 1 Pedro 4:13 RVR1960

Identificarnos con los padecimientos de Cristo nos ayuda a conocerle mejor y asemejarnos más a Él, según nos dice Pablo; y somos participantes, no sólo de Sus padecimientos, también en la revelación de Su gloria, lo que nos trae gozo con alegría —según nos dice Pedro.

Pedro también nos dice que no estamos solos cuando padecemos, pues nuestros hermanos en Cristo por todo el mundo, tienen padecimientos similares.

al cual resistid firmes en la fe, sabiendo que los mismos padecimientos se van cumpliendo en vuestros hermanos en todo el mundo. 1 Pedro 5:9 RVR1960

Pablo en este versículo, apelando a las bendiciones que los filipenses han recibido en Cristo: la consolación, el amor, la comunión con el Espíritu Santo y la compasión, usa estas para motivarlos a la unidad.

Claro que la idea se extiende en los versículos que siguen.

2:2

completad mi gozo, sintiendo lo mismo, teniendo el mismo amor, unánimes, sintiendo una misma cosa.

Mirad cuán bueno y cuán delicioso es habitar los hermanos juntos en armonía. Salmo 133:1 RVR1960

Satisface mi alegría - Llena mi alegría para que nada quiera completarla. Esto, dice, se haría por su unión, celo y humildad; compare Juan 3:29.
Que sean de ideas afines - *Griego*- Que piensen lo mismo; vea las notas en 2 Corintios 13:11. Una unidad perfecta de sentimiento, opinión y plan sería deseable si pudiera lograrse. Puede ser, hasta el punto de prevenir la discordia, el cisma, la contienda y la lucha en la iglesia, y para que los cristianos puedan ser armoniosos en la promoción de la misma gran obra: la salvación de las almas. [M24]

Si tenemos todas esas cosas *(consolación en Cristo, consuelo de amor, comunión del Espíritu, afecto entrañable, misericordia),* entonces Pablo dice: «completad mi gozo».

¿Cómo completamos su gozo?

Teniendo unidad entre nosotros los creyentes.

No hay algo que haga más feliz (gozoso) a Pablo, que ver unidad entre aquellos que vinieron a Cristo por causa de su ministerio.

Esta es la manera en las palabras de Pablo. Completaremos su gozo:

«sintiendo lo mismo, teniendo el mismo amor, unánimes, sintiendo una misma cosa».

La palabra «sintiendo» apela a emociones.

Somos seres emocionales.

A veces con la cautela a tratar de no ser llevados por emociones (mis hermanos pentecostales saben de qué estoy hablando); corremos el peligro de apagar toda emoción.

Sin embargo, hay emociones saludables. No solamente en tener unidad, también en sentirla. Esto nos trae seguridad y bienestar.

Sintiendo una misma cosa

Esto viene por medio de la unidad doctrinal.

Cuando creemos lo mismo, podemos sentir lo mismo.

Es algo que he dicho antes: Nuestros pensamientos producen emociones.

2:3

Nada hagáis por contienda o por vanagloria; antes bien con humildad, estimando cada uno a los demás como superiores a él mismo;

…haced misericordia y piedad… nunca penséis mal en vuestro corazón…
Zacarías 7:9–10 RVR1960

Mejor es ser de espíritu humilde con los humildes que repartir despojos con los soberbios.
Proverbios 16:19 RVR1960

Cuando no nos ponemos a nosotros primero.

Cuando no creemos tener la última palabra o máxima autoridad sobre un asunto, y estimamos lo que otros tienen que decir, y de hecho los ponemos a ellos antes que nosotros; esa actitud produce humildad y paz interna en nosotros.

Además, los seres humanos tienden a deprimirse cuando están pensando en sí mismos todo el tiempo.

Como me siento, que piensan la gente de mí, etc…

Ese mi, mi, mi, produce tristeza y nos aleja de los demás.

Pero cuando pensamos en el bienestar de otros, quitamos la vista aún de nuestros problemas y de estar concentrados en nosotros mismos. Esto trae un fruto apacible. Produce gozo interior.

Fuimos creados para vivir en comunidad.

La unidad, no sólo trae buenos y saludables dividendos a cada uno de nosotros, también produce buen testimonio a los de afuera.

> *para que todos sean uno; como tú, oh Padre, en mí, y yo en ti, que también ellos sean uno en nosotros; para que el mundo crea que tú me enviaste. Juan 17:21RVR1960*

Contrario a la unidad, es la rivalidad y vanagloria, y Pablo advierte contra ello: «Nada hagáis por contienda o por vanagloria».

Entonces, la humildad es clave para la unidad.

2:4

no mirando cada uno por lo suyo propio, sino cada cual también por lo de los otros.

Debemos preocuparnos amablemente por los demás, pero no debemos ocuparnos de los asuntos de los demás. Ni la paz interior ni la exterior pueden ser disfrutadas sin la humildad de la mente. M25

Debemos ser desprendidos para conquistar esa unidad de la que Pablo nos ha venido hablando.

No debemos buscar nuestro propio interés, sino también el bienestar de los demás. Este versículo enfatiza la importancia de cuidar a otros en lugar de enfocarnos en nosotros mismos.

Amados. Cuando no somos el centro de la conversación. Cuando permitimos que otros brillen; experimentamos una paz tremenda. Pero debemos ser intencionales. Esto es algo que podemos aprender a practicar y crecer en ello.

El Ejemplo de Humildad de Cristo (Filipenses 2:5-11)

2:5

Haya, pues, en vosotros este sentir que hubo también en Cristo Jesús,

Debemos esforzarnos por expresar a Cristo al mundo, no como una imagen que muestra un hombre en sus rasgos externos solamente, sino como un niño lo hace su padre en afectos y acciones. Nuestras vidas deberían ser como tantos sermones sobre la vida de Cristo, 1 Pedro 2:9. [M26]

Y para establecer el estándar más alto; Cristo es la persona a imitar.

El mensaje se trata de Jesús, no de Pablo. No de tí. No del predicador.

La actitud que tuvo Cristo Jesús ante las adversidades. El espíritu de humildad que vimos en Cristo Jesús.

Por eso crecemos cuando leemos y aprendemos del estilo de vida que Jesús exhibió.

Teniendo ya un entendimiento firme de la gracia de Dios; podemos ir a los evangelios históricos Mateo, Marcos, Lucas y Juan, y leer detenidamente a Jesús, aprender de Su ecuanimidad, carácter, amor, actitud, y humildad.

El autor de Hebreos (posiblemente Pablo), nos dice que los que hemos creído entramos en el reposo (Hebreos 4:3).

¿Cómo entendemos ese reposo?

Leyendo a Jesús.

Cuando la tormenta castigaba la barca, Él dormía. Nada lo sacó de Su paz. Nunca cedió a la tentación de la prisa.

Siempre calmado. Nunca alterado.

Tengamos *«este sentir que hubo también en Cristo Jesús».*

2:6

el cual, siendo en forma de Dios, no estimó el ser igual a Dios como cosa a qué aferrarse,

He aquí que Jehová el Señor vendrá con poder...
Isaías 40:10–11 RVR1960

[Ser igual a Dios] *Gr. Iguales*, es decir, iguales en todos los sentidos; no un Dios inferior secundario, como querían los arrianos. Mantener firme esta verdad; es del fundamento, es la roca sobre la que está edificada la Iglesia, Mateo 16:18 ; y todos los demonios en el infierno no me arrebatarán este lugar, como una prueba clara de la divinidad de Cristo, dice el erudito Calvino. [M27]

Aquí hay doctrina. El Hijo es igual al Padre.

Ha existido un error desde hace siglos que enseña que Dios Padre es superior a Jesús, o que el Hijo es menor porque salió del Padre. Atentando directamente contra la deidad de Cristo.

Un texto usado es Juan 14:28, donde Jesús dice: *«el Padre mayor es que yo».*

En primer lugar, cuando Jesús dice: «el Padre es mayor que yo», está hablando desde la perspectiva de su estado encarnado. La doctrina de la Encarnación enseña que Jesús, el Hijo de Dios, tomó carne humana y vivió entre nosotros (Juan 1:14). Al hacerlo, se sometió voluntariamente a las limitaciones de la humanidad. Aquí Filipenses 2:6—8 encapsula bellamente este misterio. [2]

Agustín de Hipona, en su obra *Sobre la Trinidad*, explica que la declaración de Jesús debe entenderse a la luz de su humanidad. Él escribe:

> *Porque el Padre es mayor que yo: y esto, como hombre, lo dijo por la forma de siervo que tomó, no por esa forma de Dios en la que es igual al Padre.* [3]

Cristo, siendo Dios mismo, no se aferró a Su estatus divino. Aunque era igual a Dios, no consideró esto algo para aprovecharse en su favor.

La idea se extiende en los próximos versículos.

2:7

sino que se despojó a sí mismo, tomando forma de siervo, hecho semejante a los hombres;

He aquí mi siervo, yo le sostendré...
Isaías 42:1 RVR1960

...sin parecer... despreciado y desechado entre los hombres...
Isaías 53:2–3 RVR1960

Cristo se despojó de sus privilegios divinos, tomando la forma de un siervo (haciéndose hombre). Aquí se destaca Su encarnación y la humildad que mostró al tomar forma humana.

La frase «*se despojó a sí mismo*», muestra el aspecto voluntario de poner Su vida en sacrificio.

Algunos críticos y enemigos de la buena noticia han intentado argumentar que Dios fue cruel al sacrificar a Su propio hijo. Pero el texto nos dice claramente que Cristo puso Su vida en sacrificio voluntariamente. Esto lo veremos en más detalles en el comentario del versículo 9.

2:8

y estando en la condición de hombre, se humilló a sí mismo, haciéndose obediente hasta la muerte, y muerte de cruz.

Angustiado él, y afligido... no abrió su boca. Isaías 53:7–12 RVR1960

Dios mío, Dios mío, ¿por qué me has desamparado?... horadaron mis manos y mis pies... Salmo 22:1, 7–18 RVR1960

Y mirarán a mí, a quien traspasaron... Zacarías 12:10 RVR1960

No solo se hizo hombre, sino que se humilló aún más, siendo obediente hasta la muerte, y muerte de cruz. Este es el mayor acto de humildad y sacrificio.

Y nos afirma Su gracia para con nosotros. Que no es por nuestra obediencia que somos salvos, sino por la obediencia de Cristo.

Si fuera por nuestra obediencia, Cristo no hubiera tenido que ir a la cruz y padecer.

Nuestra salvación es totalmente por gracia (Efesios 2:8—10), y no por esfuerzo humano.

2:9

Por lo cual Dios también le exaltó hasta lo sumo, y le dio un nombre que es sobre todo nombre,

Por tanto, debido a su voluntaria humillación y obediencia. Se humilló a sí mismo; pero Dios lo exaltó, compensando así su humillación. Y le ha dado ... recompensando así su vaciamiento. Un nombre que está por encima de todo nombre: dignidad y majestad superiores a todas las criaturas. M28

Después de la humillación viene la exaltación

Jesucristo, siendo Dios (Juan 1:1), se humilló, tomando *«condición de hombre» (2:8).*

En el aspecto general, esto es una regla con Dios. *«El Señor exalta a los humildes...»* (Salmos 147:6 RVC).

Humillaos, pues, bajo la poderosa mano de Dios, para que él os exalte cuando fuere tiempo... 1 Pedro 5:6 RVR1960

Sin embargo, la humillación de Cristo abarca mucho más. En esta descansa Su voluntad en poner Su vida como supremo sacrificio para redimir a muchos.

> *así como el Padre me conoce, y yo conozco al Padre; y pongo mi vida por las ovejas. Juan 10:15 RVR1960*

> *Por eso me ama el Padre, porque yo pongo mi vida, para volverla a tomar. Nadie me la quita, sino que yo de mí mismo la pongo. Tengo poder para ponerla, y tengo poder para volverla a tomar. Este mandamiento recibí de mi Padre. Juan 10:17,18 RVR1960*

Un nombre que es sobre todo nombre

Debido a Su obediencia y sacrificio, Dios lo exaltó al máximo, dándole un nombre que está por encima de todo nombre, mostrando así su soberanía y gloria.

> *la cual operó en Cristo, resucitándole de los muertos y sentándole a su diestra en los lugares celestiales, 21 sobre todo principado y autoridad y poder y señorío, y sobre todo nombre que se nombra, no solo en este siglo, sino también en el venidero Efesios 1:20,21 RVR1960*

2:10

para que en el nombre de Jesús se doble toda rodilla de los que están en los cielos, y en la tierra, y debajo de la tierra;

...a mí se doblará toda rodilla, y jurará toda lengua.
Isaías 45:22–23 RVR1960

La supremacía de Cristo

La creación entera aceptará voluntaria o involuntariamente que Jesucristo es Dios y poderoso sobre todo lo que se mueve.

Toda rodilla se doblará ante Jesús, reconociendo Su señorío, ya sea en el cielo, en la tierra, debajo de la tierra (una expresión que incluye a toda la creación).

> *Porque escrito está: Vivo yo, dice el Señor, que ante mí se doblará toda rodilla, Y toda lengua confesará a Dios. Romanos 14:11 RVR1960*

Esto fue profetizado por Isaías.

> *Por mí mismo hice juramento, de mi boca salió palabra en justicia, y no será revocada: Que a mí se doblará toda rodilla, y jurará toda lengua. Isaías 45:23 RVR1960*

Estos textos ofrecen una oportunidad para ver cómo Pablo una y otra vez hace referencia al texto antiguo.

2:11

y toda lengua confiese que Jesucristo es el Señor, para gloria de Dios Padre.

...a mí se doblará toda rodilla, y jurará toda lengua.
Isaías 45:22–23 RVR1960

Yo he puesto mi rey sobre Sion...
Honrad al Hijo...
Salmo 2:6–12 RVR1960

...se le dio dominio, gloria y reino, para que todos los pueblos... le sirvieran.
Daniel 7:13–14RVR1960

Continuando con la idea anterior.

Toda lengua confesará que Jesucristo es el Señor, lo que dará gloria a Dios Padre. Esto muestra la universalidad del señorío de Cristo y Su glorificación futura.

Y que cada lengua debe confesar - Todos deberían reconocerlo. Sobre el deber y la importancia de confesar a Cristo...

Que Jesucristo es Señor - La palabra "Señor", aquí, se usa en su sentido primitivo y apropiado, como denotando propietario, gobernante, soberano...El significado es que todos deberían reconocerlo como el soberano universal.

Para la gloria de Dios Padre - Tal confesión universal honraría a Dios; vea las notas en Juan 5:23, donde se explica este sentimiento. [M29]

Exhortación a Vivir en Obediencia y Santidad (Filipenses 2:12-18)

2:12

Por tanto, amados míos, como siempre habéis obedecido, no como en mi presencia solamente, sino mucho más ahora en mi ausencia, ocupaos en vuestra salvación con temor y temblor,

El creyente firme ni descansa, como el formalista en los medios, sin mirar hacia el fin y al Espíritu Santo, quien solo puede hacer eficaces los medios; ni espera, como el fanático, alcanzar el fin sin los medios. vuestra salvación-aquí carga el énfasis. Puesto que yo no estoy presente para adelantarla, "llevad a cabo vuestra propia salvación" vosotros mismos con tanto más cuidado. [M30]

Otra vez vemos la continuidad.

Al decir: «Por tanto», Pablo está diciendo «ya que» o «por causa de que» Cristo se humilló (siendo obediente hasta la muerte) y ha sido exaltado; nosotros hemos sido llamados a la obediencia.

No fuimos salvos por nuestra obediencia, pero por causa de la salvación por gracia que ya está en nosotros, podemos dar ese fruto de obediencia.

Somos obedientes porque ya fuimos salvados. El agradecimiento por la obediencia de Cristo, produce en nosotros obediencia.

Presente y ausente

La medida de un líder se conoce en el momento de su ausencia.

Tu impacto puede ser grande cuando estás presente, pero se sabrá si es duradero por lo que sucede cuando estás ausente. Sea en el ministerio, en la empresa, en el hogar.

Jesús estableció un trabajo para que creciera en Su ausencia.

> *Pero yo os digo la verdad: Os conviene que yo me vaya;*
> *porque si no me fuera, el Consolador no vendría a vosotros;*
> *mas si me fuere, os lo enviaré. Juan 16:7 RVR1960*

Pablo les exhorta a continuar en obediencia, trabajando en su salvación con temor y temblor. Esto no significa que deban ganarse su salvación, sino que deben vivir en reverencia y obediencia a Dios.

Ocupaos en vuestra salvación con temor y temblor

Muchos han mal usado este versículo por años para atacar la doctrina de la eterna seguridad, indicando que «ocupaos» significa que está en nuestros esfuerzo retenerla o perderla.

Pero eso no es lo que está diciendo el texto.

Cuidamos la salvación de la misma manera que un mayordomo cuida una herencia. La nutre, le da mantenimiento, invierte tiempo en esta para que crezca.

Temor y temblor es traducido en otras Biblia como *«respeto y devoción»*.

La TLA lo traduce de esta manera:

> *Queridos hermanos, cuando yo estaba con ustedes, siempre me*
> *obedecían. Ahora que estoy lejos, deben obedecerme más que nunca.*
> *Por eso, con respeto y devoción a Dios, dedíquense a entender*
> *lo que significa ser salvado por Dios. Filipenses 2:12 TLA*

Sobre este versículo, Lutero explica que se refiere a una actitud de reverencia y humildad ante Dios, reconociendo Su santidad y el poder de Su obra en nosotros, no como un miedo servil, sino como una conciencia profunda de nuestra dependencia de la gracia divina.

Lutero subraya en este pasaje la importancia de que los cristianos respondan a la salvación dada por gracia, viviendo de manera que refleje su fe, pero siempre conscientes de que es Dios quien obra en ellos, tal como lo expresa el versículo siguiente (2:13). [4]

Y enlazando el contexto, nos queda claro que es Dios Soberano quien está en control de nuestra salvación, pues aún cuando vinimos a Cristo, fue Él quien puso ese deseo en nosotros.

Veamos el versículo que sigue.

2:13

porque Dios es el que en vosotros produce así el querer como el hacer, por su buena voluntad.

...pondré dentro de vosotros mi Espíritu, y haré que andéis en mis estatutos.
Ezequiel 36:26–27 RVR1960

...tú nos das la paz, porque tú también hiciste en nosotros todas nuestras obras.
Isaías 26:12 RVR1960

Nuestra salvación comenzó en Dios, no en nosotros.

No teníamos la capacidad ni el deseo de buscar a Dios, sin embargo Dios en Su amor, cuando aún estábamos muertos en nuestros delitos y pecados nos dió vida.

> *Como está escrito: No hay justo, ni aun uno; No hay quien entienda, No hay quien busque a Dios. Todos se desviaron, a una se hicieron inútiles; No hay quien haga lo bueno, no hay ni siquiera uno. Romanos 3:10—12 RVR1960*

Entonces, aún ser mayordomos de nuestra salvación es algo que nos es permitido por gracia.

2:14

Haced todo sin murmuraciones y contiendas,

Vuestras murmuraciones no son contra nosotros, sino contra Jehová. Éxodo 16:7–9 RVR1960

2:15

para que seáis irreprensibles y sencillos, hijos de Dios sin mancha en medio de una generación maligna y perversa, en medio de la cual resplandecéis como luminares en el mundo;

…generación torcida y perversa. Deuteronomio 32:5 RVR1960

Mas la senda de los justos es como la luz de la aurora… Proverbios 4:18 RVR1960

Los entendidos resplandecerán como el resplandor del firmamento… Daniel 12:3 RVR1960

Pablo les pide que hagan todo sin quejas ni discusiones. Esta exhortación apunta a una actitud de humildad y sumisión al plan de Dios, sin resentimientos.

Como lo vimos en la epístola de Pablo a los Efesios, el apóstol nos enseña lo que hemos recibido de Cristo por medio de Su gracia, y la conducta del creyente que es posible por causa de Su gracia.

Irreprensibles

El objetivo es que seamos irreprensibles y puros, hijos de Dios que se destacan como luces en un mundo corrupto y perverso. Los cristianos deben ser un contraste moral y espiritual ante una sociedad malvada.

Sencillos

Como hemos visto en otras cartas Paulinas y el ejemplo de los creyentes en la iglesia primitiva, «sencillez» es una de la características más importantes que debe existir en la vida del creyente y en la vida de la iglesia.

Y perseverando unánimes cada día en el templo, y partiendo el pan en las casas, comían juntos con alegría y sencillez de corazón… Hechos 2:46 RVR1960

> *Siervos, obedeced a vuestros amos terrenales con temor y temblor, con sencillez de vuestro corazón, como a Cristo... Efesios 6:5 RVR1960*

2:16

asidos de la palabra de vida, para que en el día de Cristo yo pueda gloriarme de que no he corrido en vano, ni en vano he trabajado.

El evangelio es la palabra de vida, nos da a conocer la vida eterna por medio de Jesucristo. Correr, denota seriedad y vigor, un continuo avance; trabajar, denota constancia y una estrecha aplicación. [M31]

Pablo los exhorta a aferrarse a la palabra de vida (el evangelio), para que cuando Cristo regrese, él pueda gloriarse en que su trabajo no fue en vano.

Ya vimos anteriormente el significado de la frase: *«el día de Cristo»* (1:10).

Asidos de la palabra de vida

Debemos ser creyentes que dependemos de la Palabra de Dios.

> *sosteniendo firmemente la palabra de vida, a fin de que yo tenga motivo para gloriarme en el día de Cristo, ya que no habré corrido en vano ni habré trabajado en vano. Filipenses 2.16 LBLA*

2:17

Y aunque sea derramado en libación sobre el sacrificio y servicio de vuestra fe, me gozo y regocijo con todos vosotros.

...prepararás libación... Números 15:5–10 RVR1960

Pablo expresa su disposición a ser derramado como una ofrenda (una metáfora para el martirio) sobre el sacrificio de la fe de los filipenses, pero lo hace con gozo, compartiendo esa alegría con ellos.

Recordemos como ya hemos dicho antes que esta es una epístola de gozo.

2:18

Y asimismo gozaos y regocijaos también vosotros conmigo.

Les anima a compartir su alegría, incluso en medio del sufrimiento, porque está basado en la obra de Dios y no en las circunstancias externas.

El Envío de Timoteo y Epafrodito (Filipenses 2:19-30)

2:19

Espero en el Señor Jesús enviaros pronto a Timoteo, para que yo también esté de buen ánimo al saber de vuestro estado;

Como ya se ha visto en el propio caso de la evangelización de Filipos, en su práctica misionera el Apóstol acostumbraba desplazarse con un grupo de colaboradores. [M32]

En el momento en que Pablo escribe esta carta, Timoteo le está acompañando en Roma (1:1).

Pablo espera enviar a Timoteo pronto para saber cómo están los filipenses, lo que lo llenaría de ánimo.

Timoteo era un compañero fiel de Pablo y alguien de confianza para llevar noticias.

2:20

pues a ninguno tengo del mismo ánimo, y que tan sinceramente se interese por vosotros.

Muchos hombres proclaman su propia bondad, pero hombre de verdad, ¿quién lo hallará? Proverbios 20:6 RVR1960

Pablo habla del carácter único de Timoteo, quien comparte el mismo ánimo que él y se preocupa sinceramente por el bienestar de los filipenses.

El texto nos deja saber sobre la relación de padre e hijo que existía entre Pablo y Timoteo.

Esto lo vemos también en lo que Pablo dice a los Corintios.

Por esto mismo os he enviado a Timoteo, que es mi hijo amado y fiel en el Señor, el cual os recordará mi proceder en Cristo, de la manera que enseño en todas partes y en todas las iglesias. 1 Corintios 4:17 RVR1960

Y si llega Timoteo, mirad que esté con vosotros con tranquilidad, porque él hace la obra del Señor así como yo. 1 Corintios 16:10 RVR1960

En otras cartas, Timoteo aparece en el saludo.

Pablo, apóstol de Jesucristo por la voluntad de Dios, y el hermano Timoteo... Colosenses 1:1 RVR1960

Pablo, Silvano y Timoteo, a la iglesia de los tesalonicenses en Dios Padre y en el Señor Jesucristo: Gracia y paz sean a vosotros, de Dios nuestro Padre y del Señor Jesucristo. 1 Tesalonicenses 1:1 RVR1960

Pablo, Silvano y Timoteo, a la iglesia de los tesalonicenses en Dios nuestro Padre y en el Señor Jesucristo: 2 Tesalonicenses 1:1 RVR1960

Pablo, prisionero de Jesucristo, y el hermano Timoteo, al amado Filemón, colaborador nuestro... Filemón 1:1 RVR1960

2:21

Porque todos buscan lo suyo propio, no lo que es de Cristo Jesús.

Contrasta a Timoteo con otros que buscan sus propios intereses en lugar de buscar lo que es de Cristo. Esto resalta la dedicación de Timoteo a la causa del evangelio.

No habla de aquellos que abandonaron abiertamente la búsqueda de la piedad, sino de esas mismas personas a las que consideró hermanos, incluso aquellos a quienes admitió haber tenido una relación familiar con él. Sin embargo, dice que estas personas eran tan cálidas en la búsqueda de sus propios intereses, que eran extremadamente frías en la obra del Señor. [M33]

2:22

Pero ya conocéis los méritos de él, que como hijo a padre ha servido conmigo en el evangelio.

Pablo elogia a Timoteo como un hijo fiel que ha servido a su lado en la obra del evangelio, mostrando su fidelidad y trabajo en el ministerio.

El texto es paralelo a lo que ya leímos en 1 Corintios 4:17.

2:23

Así que a este espero enviaros, luego que yo vea cómo van mis asuntos;

Pablo planea enviar a Timoteo tan pronto como sepa cómo se resuelven sus propios asuntos. Esto podría referirse a su situación legal o su encarcelamiento.

2:24

y confío en el Señor que yo también iré pronto a vosotros.

Expresa su confianza en el Señor de que él mismo podrá visitar a los filipenses pronto. A pesar de estar encarcelado, Pablo mantiene la esperanza de verlos.

2:25

Mas tuve por necesario enviaros a Epafrodito, mi hermano y colaborador, y compañero de milicia, vuestro mensajero, y ministrador de mis necesidades;

Epafrodito había sido enviado por los filipenses a Pablo para ayudarle. Pablo lo llama «hermano», «colaborador» y «compañero de milicia», y ahora lo envía de regreso a Filipos.

Epafrodito es mencionado en el capítulo

4 como la persona por medio de quien los filipenses enviaron ayuda financiera a Pablo (Filipenses 4:18).

2:26

porque él tenía gran deseo de veros a todos vosotros, y gravemente se angustió porque habíais oído que había enfermado.

Epafrodito estaba angustiado porque los filipenses habían oído que había estado muy enfermo, y él deseaba verlos nuevamente.

2:27

Pues en verdad estuvo enfermo, a punto de morir; pero Dios tuvo misericordia de él, y no solamente de él, sino también de mí, para que yo no tuviese tristeza sobre tristeza.

[Aquí] se combina un rico reservorio de afecto mutuo dentro del marco de fe en la soberanía y la misericordia de Dios. Hay un lenguaje de intimidad personal no sólo entre Pablo y Epafrodito sino también entre Pablo y su Dios. Las recomendaciones pidiendo que se reciba a Epafrodito (vv. 29, 30) tienen paralelos en otra carta enviada a la región de Macedonia (1Tes 5:12-22). [M34]

Pablo confirma que Epafrodito estuvo gravemente enfermo, casi muriendo, pero Dios tuvo misericordia de él y de Pablo, al evitar una mayor tristeza.

Y esta es la manera en que Pablo lidia con sanidad divina.

Dios tuvo misericordia

Muy diferente a lo que hoy en día escuchamos como las prácticas de «decretar» o «declarar», lo cual no es otra cosa que metafísica [5] y nueva era. [6]

2:28

Así que le envío con mayor solicitud, para que al verle de nuevo, os gocéis, y yo esté con menos tristeza.

Pablo lo envía para que los filipenses se alegren al verlo, y para que él mismo sienta menos tristeza.

Esto nos indica lo amado que Epafrodito era para la iglesia en Filipos y para Pablo.

2:29

Recibidle, pues, en el Señor, con todo gozo, y tened en estima a los que son como él;

¡Cuán hermosos son… los pies del que trae buenas nuevas…!
Isaías 52:7 RVR1960

Esta sección de la epístola hace pensar que parte de la problemática pastoral de Filipos podría haber sido cierto enfriamiento hacia Epafrodito, causado por los falsos misioneros a los cuales Pablo pasa a describir y atacar en el capítulo siguiente. [M35]

Pablo les pide que reciban a Epafrodito con gozo y que tengan en alta estima a los otros creyentes genuinos.

Recordemos que ya algunos habían apostatado de la fe. Pablo sufrió de los que predicaban por rivalidad (1:15) y de los falsos hermanos.

> *…en caminos muchas veces; en peligros de ríos, peligros de ladrones, peligros de los de mi nación, peligros de los gentiles, peligros en la ciudad, peligros en el desierto, peligros en el mar, peligros entre falsos hermanos…*
> *2 Corintios 11:26 RVR1960*

Entonces cuando estaba en presencia de un verdadero hermano en la fe, Pablo lo apreciaba y lo dejaba saber a otros.

2:30

porque por la obra de Cristo estuvo próximo a la muerte, exponiendo su vida para suplir lo que faltaba en vuestro servicio por mí.

Epafrodito arriesgó su vida por la obra de Cristo, cumpliendo con su servicio a Pablo en nombre de los filipenses.

Epafrodito, como representante de la iglesia de Filipos, había asumido grandes riesgos en el servicio de Cristo. En efecto, se había jugado la vida, y mostrado gran valentía. [M36]

CAPÍTULO 3

Filipenses 3:1-21

Advertencias contra los falsos maestros (Filipenses 3:1-3)

3:1

Por lo demás, hermanos míos, gozaos en el Señor. A mí no me es molesto el escribiros las mismas cosas, y para vosotros es seguro.

Decir lo mismo una y otra vez es seguro, ya que sus mentes no atrapan la verdad en la primera audiencia, y sus recuerdos son resbaladizos. [M37]

En el capítulo anterior —y otra vez, tomando en cuenta que la carta originalmente no tenía divisiones de capítulos y versículos— Pablo comienza esta idea de comparación entre buenos y malos ministros.

Al mencionar a Epafrodito le dice a los filipenses: *«tened en estima a los que son como él»* (2:29).

¿Por qué tenerlo en estima?

Porque es un buen creyente. Un genuino hermano.

Hay muchos que no son verdaderos, y con esa idea entramos en el capítulo 3.

Primero, Pablo exhorta a los filipenses a regocijarse en el Señor. Como dije antes esta es una epístola de gozo.

Todo lo que se discute en esta es hecho dentro del contexto de gozo —aún el sufrimiento.

Seguridad en la repetición

Pablo continúa diciendo: *«es molesto el escribiros las mismas cosas, y para vosotros es seguro».*

Nueva y peligrosas olas

Hemos visto en estas más recientes décadas —y más acentuado en esta última— un énfasis en «nuevas revelaciones» dentro de las iglesias en Estados Unidos y en nuestra Latinoamérica. Se que esto se extiende a otros continentes, pero mi trabajo ha estado concentrado acá, entonces, lo he vivido de cerca.

Seudo-profetas abundan, trayendo cada Domingo «nuevas revelaciones» a las iglesias.

Suelen decir cosas como: «Traigo 'una palabra'», sea para la iglesia local o a personas individuales.

Esto hace que los asistentes estén siempre esperando algo nuevo, algo que nadie ha oído antes, una nueva revelación… y en esto hay peligro.

Son olas de cosas falsas que van y vienen.

Y muchas veces, estas supuestas revelaciones moldean el pensamiento doctrinal de las iglesias. Sí, afectan la doctrina porque no tienen apoyo bíblico.

Son vientos de doctrina.

Pablo dice a los Efesios que deben madurar, llegando a la *«unidad de la fe y del conocimiento del Hijo de Dios»* para que no sean «arrastrados» (RVC) por todo viento de doctrina.

> *...para que ya no seamos niños fluctuantes, llevados por doquiera de todo viento de doctrina, por estratagema de hombres que para engañar emplean con astucia las artimañas del error...* Efesios 4:14 RVR1960

Repetición necesaria

Entonces, es necesaria la repetición.

Vivir en el texto escrito, estudiarlo, escudriñarlo, recalcar las buenas enseñanzas... repetir.

Algo que pude observar de hombres como Billy Graham y Luis Palau es que siempre entregaban el mismo mensaje de buenas nuevas. Usted podía ver variaciones en ilustraciones y el uso de diferentes pasajes bíblicos, pero básicamente, el contexto siempre el mismo: Las buenas noticias de salvación.

No estoy diciendo que uno repita un mismo bosquejo todo el tiempo. Podemos viajar dentro de toda la riqueza de texto que encontramos entre Génesis y Apocalipsis, sin embargo, las bases doctrinales son las mismas.

Usted nos ve repetir ciertos principios bíblicos una y otra vez.

No es que escasee el contenido; es que es importante repetir esas columnas sobre las cuales reposa nuestra fe… *y para vosotros es seguro.*

Y así, es como Pablo pasa a hablar de los malos ministros.

3:2

Guardaos de los perros, guardaos de los malos obreros, guardaos de los mutiladores del cuerpo.

Circuncidad, pues, el prepucio de vuestro corazón, y no endurezcáis más vuestra cerviz.
Deuteronomio 10:16 RVR1960

Aquí comienza a hablar de los falsos apóstoles, con quienes, sin embargo, no lucha mano a mano, como en la Epístola a los Gálatas, sino en pocas palabras severamente los expone, en la medida de lo suficiente. Ya que simplemente habían hecho un intento contra los filipenses, y no habían hecho un camino hacia ellos, no era tan necesario entrar en ningún disputa con el fin de refutar errores, a los que nunca habían prestado oído. Por lo tanto, simplemente les advierte que sean diligentes y atentos para detectar impostores y protegerse de ellos. En primer lugar, sin embargo, los llama perros; la metáfora se basa en esto: que, en aras de llenarles el vientre, atacaron la verdadera doctrina con sus ladridos impuros. [M38]

Pablo advierte sobre los falsos maestros, refiriéndose a ellos de manera despectiva como «perros» y «mutiladores del cuerpo» probablemente refiriéndose a aquellos que insistían en la circuncisión como requisito para la salvación.

Recuerde —como estudiamos en Efesios— que había judaizantes que venían a los gentiles enseñándoles que necesitaban circuncidarse, convertirse al judaísmo para poder seguir a Cristo.

En Gálatas 5:15 Pablo dice: *¡Ojalá se mutilasen los que os perturban!*

Y es el mismo verbo «katatomē (gr.) [1] mutilare (lat.) [2]» que encontramos aquí en Filipenses. En contexto, Pablo había dicho a los Gálatas:

> *He aquí, yo Pablo os digo que si os circuncidáis, de nada os aprovechará Cristo. Gálatas 5:2 RVR1960*

Estos enseñaban un evangelio falso, basado en obras de la ley, y no en la gracia de Jesucristo.

3:3

Porque nosotros somos la circuncisión, los que en espíritu servimos a Dios y nos gloriamos en Cristo Jesús, no teniendo confianza en la carne.

Y circuncidará Jehová tu Dios tu corazón... para que ames a Jehová tu Dios...
Deuteronomio 30:6 RVR1960

Circuncidaos a Jehová, y quitad el prepucio de vuestro corazón...
Jeremías 4:4 RVR1960

Él muestra que debemos usar la verdadera circuncisión, es decir, la circuncisión del corazón, para que al eliminar todos los afectos inicuos por el poder de Cristo, podamos servir a Dios en pureza de vida. [M39]

En la carne: se refiere a la circuncisión, pero incluyendo el sentido de todo lo meramente físico y externo.[M40]

Y para que no nos queden dudas en cuanto a qué se estaba refiriendo Pablo en el versículo anterior, aquí vemos la mención de la verdadera circuncisión.

Veamos esta referencia en Romanos.

Pues no es judío el que lo es exteriormente, ni es la circuncisión la que se hace exteriormente en la carne; sino que es judío el que lo es en lo interior, y la circuncisión es la del corazón, en espíritu, no en letra; la alabanza del cual no viene de los hombres, sino de Dios.
Romanos 2:28,29 RVR1960

La frase «*confianza en la carne*» en este versículo, no se refiere directamente a las obras de la carne (Gálatas 5:19-21) sino a la ley.

Confiar en la ley es confiar en la carne.

Pablo lo explicará en los versículos que siguen.

El Testimonio Personal de Pablo (Filipenses 3:4-11)

3:4

Aunque yo tengo también de qué confiar en la carne. Si alguno piensa que tiene de qué confiar en la carne, yo más:

Pablo explica que, si alguien quisiera confiar en los logros humanos o en las obras externas «la carne», él tendría más motivos que cualquier otro, debido a su linaje y sus logros en la religión judía.

3:5

circuncidado al octavo día, del linaje de Israel, de la tribu de Benjamín, hebreo de hebreos; en cuanto a la ley, fariseo;

Este es mi pacto... será circuncidado todo varón...
Génesis 17:10–14 RVR1960

Pablo detalla sus credenciales religiosas: fue circuncidado según la ley, pertenece al linaje de Israel, específicamente a la tribu de Benjamín, y es un «hebreo de hebreos», lo que significa que era un judío devoto. Además, fue un fariseo, un estricto observador de la ley.

3:6

en cuanto a celo, perseguidor de la iglesia; en cuanto a la justicia que es en la ley, irreprensible.

Pablo era un auténtico judío por nacimiento, no un prosélito. Aún más, era del linaje de Israel, descendiente directo de Abraham, Isaac y Jacob. Su tribu era la élite del pueblo de Israel. [M41]

Pablo continúa mencionando su celo por la ley, que lo llevó a perseguir a la iglesia. Según la justicia que proviene de la ley, él era irreprensible, es decir, cumplía la ley estrictamente y con devoción.

Pero en el siguiente versículo vemos qué es lo más importante. Este es el contraste entre esfuerzo humano y la gracia de Dios.

3:7

Pero cuantas cosas eran para mí ganancia, las he estimado como pérdida por amor de Cristo.

3:8

Y ciertamente, aun estimo todas las cosas como pérdida por la excelencia del conocimiento de Cristo Jesús, mi Señor, por amor del cual lo he perdido todo, y lo tengo por basura, para ganar a Cristo,

No se alabe el sabio en su sabiduría… alábese en entenderme y conocerme…
Jeremías 9:23–24 RVR1960

Es una similitud tomada de los marineros, quienes, cuando se les insta por peligro de naufragio, arrojan todo por la borda, que, al aligerarse el barco, pueden llegar al puerto con seguridad. M42

3:9

y ser hallado en él, no teniendo mi propia justicia, que es por la ley, sino la que es por la fe de Cristo, la justicia que es de Dios por la fe;

Pablo considera todas esas credenciales y logros como «pérdida» en comparación con el valor de conocer a Cristo. Todo lo que antes veía como ganancia, ahora lo considera sin valor.

No solo sus logros pasados, sino cualquier otra cosa que pueda interponerse en su relación con Cristo, lo considera como «basura» (algo sin valor), con el propósito de ganar a Cristo y conocerlo más profundamente.

Basura

La palabra «basura» viene del griego «skúbalon» (σκύβαλα) que se puede traducir «piezas de desechos», o lo que se tira a los perros, es decir desechos (inmundicia). [3]

Algunos dicen que se pudiera traducir como «estiércol». [4]

En Él

La frase que encontramos en Efesios y Colosenses (otras epístolas de la prisión). Todo lo que somos en Cristo.

Y esto es clave para entender lo que ha

sucedido en nosotros por causa del evangelio.

Estamos en Cristo, no por nuestros méritos, o esfuerzos, no por guardar la ley (por obras).

Pablo dice: *«no teniendo mi propia justicia, que es por la ley»*.

Aquí introduce la palabra *«justicia»*. La doctrina de la *Justificación por Fe* es central en el mensaje Paulino como vemos en otras cartas. Y este es el mismo contraste que vemos en Romanos.

> *ya que por las obras de la ley ningún ser humano será justificado delante de él; porque por medio de la ley es el conocimiento del pecado. Romanos 3:20 RVR1960*

> *siendo justificados gratuitamente por su gracia, mediante la redención que es en Cristo Jesús Romanos 3:24 RVR1960*

> *Concluimos, pues, que el hombre es justificado por fe sin las obras de la ley. Romanos 3:28 RVR1960*

> *Justificados, pues, por la fe, tenemos paz para con Dios por medio de nuestro Señor Jesucristo Romanos 5:1 RVR1960*

3:10

a fin de conocerle, y el poder de su resurrección, y la participación de sus padecimientos, llegando a ser semejante a él en su muerte,

Pablo quiere conocer a Cristo íntimamente. Ya hemos hablado anteriormente sobre ese conocimiento (1:9).

El poder de Su resurrección

La resurrección de Cristo es el testimonio más fuerte en cuanto a la fe cristiana.

Y si Cristo no resucitó, vana es entonces nuestra predicación,
vana es también vuestra fe. 1 Corintios 15:14 RVR1960

y si Cristo no resucitó, vuestra fe es vana; aún estáis en
vuestros pecados. 1 Corintios 15:17 RVR1960

Es tan importante la resurrección de Cristo que al principio de la
iglesia, haber sido testigo de Su resurrección era requisito para ser parte
del apostolado.

Es necesario, pues, que de estos hombres que han estado juntos con
nosotros todo el tiempo que el Señor Jesús entraba y salía entre
nosotros, comenzando desde el bautismo de Juan hasta el día en
que de entre nosotros fue recibido arriba, uno sea hecho testigo
con nosotros, de su resurrección. Hechos 1:21,22 RVR1960

La resurrección era el testimonio central desde el comienzo

Y con gran poder los apóstoles daban testimonio de
la resurrección del Señor Jesús, y abundante gracia
era sobre todos ellos. Hechos 4:33 RVR1960

Tenemos esperanza de una futura resurrección porque Cristo resucitó

sabiendo que el que resucitó al Señor Jesús, a nosotros
también nos resucitará con Jesús, y nos presentará
juntamente con vosotros. 2 Corintios 4:14 RVR1960

La comunión con sus sufrimientos

Ya hablamos antes de lo que significa ser partícipes de los

padecimientos de Cristo.

> *Porque a vosotros os es concedido a causa de Cristo, no solo que creáis en él, sino también que padezcáis por él Filipenses 1:29 RVR1960*

Pablo resalta la bendición de participar en todo lo que Cristo experimentó, incluso en el sufrimiento.

3:11

si en alguna manera llegase a la resurrección de entre los muertos.

Muchos de los que duermen… serán despertados, unos para vida eterna… Daniel 12:2 RVR1960

Tus muertos vivirán; sus cadáveres resucitarán… Isaías 26:19 RVR1960

Yo sé que mi Redentor vive… veré a Dios. Job 19:25–27 RVR1960

La vida de un cristiano está en el cielo, donde están su cabeza y su hogar, y donde espera estar pronto; pone sus afectos en las cosas de arriba; y donde está su corazón, allí estará su conversación. Hay gloria guardada para los cuerpos de los santos, en los que aparecerán en la resurrección. Entonces el cuerpo será hecho glorioso; no sólo resucitado a la vida, sino resucitado con gran provecho. [M43]

Pablo no está dudando. Es más probable que Pablo se refiere a «llegar vivo a ese evento». En otras palabras: Que este gran evento ocurriría en sus días. En este caso, estando vivo, sería más bien «transformado». Tanto transformación como resurrección en la escatología de Pablo, es un solo evento.

Note en el siguiente texto que Pablo dice «los que vivimos».

> *Porque el Señor mismo con voz de mando, con voz de arcángel, y con trompeta de Dios, descenderá del cielo; y los muertos en Cristo resucitarán primero. Luego nosotros los que vivimos, los que hayamos quedado, seremos arrebatados juntamente con ellos en las nubes para recibir al Señor en el aire, y así estaremos siempre con el Señor. 1 Tesalonicenses 4:16,17 RVR1960*

Otra cosa que podemos ver en el texto es la preocupación en Pablo por acabar bien la carrera. No que pudiera perder la salvación ('pues es por gracia' Efesios 2:8); sino que teme, después de haber hecho tanto por el evangelio, ser descalificado en la última etapa del ministerio.

En sus palabras: «no sea que habiendo sido heraldo para otros, yo mismo venga a ser eliminado» (1 Corintios 9:27).

Esta es la importancia de haber corrido bien la carrera.

El Llamado a Proseguir hacia la Meta (Filipenses 3:12-16)

3:12

No que lo haya alcanzado ya, ni que ya sea perfecto; sino que prosigo, por ver si logro asir aquello para lo cual fui también asido por Cristo Jesús.

Prosigo

Pablo aclara que aún no ha alcanzado la perfección ni la meta final, pero sigue adelante, persiguiendo aquello para lo que Cristo lo ha llamado. La vida cristiana es un proceso continuo de crecimiento. Es una carrera.

3:13

Hermanos, yo mismo no pretendo haberlo ya alcanzado; pero una cosa hago: olvidando ciertamente lo que queda atrás, y extendiéndome a lo que está delante,

Por el camino de tus mandamientos correré... Salmo 119:32 RVR1960

Todos hemos cometido errores. Inclusive en el ministerio.

Todos hemos fallado en algo.

Pero no podemos vivir en el pasado.

Nuestros pecados pasados están borrados y Dios no se acuerda más de ellos. Debemos nosotros de la misma manera olvidarlos.

> *Porque seré propicio a sus injusticias, Y nunca más me acordaré de sus pecados y de sus iniquidades. Hebreos 8:12 RVR1960*

Nuestra vista debe estar enfocada, no en nuestros errores pasados, sino en Cristo.

> *...puestos los ojos en Jesús, el autor y consumador de la fe, el cual por el gozo puesto delante de él sufrió la cruz, menospreciando el oprobio, y se sentó a la diestra del trono de Dios. Hebreos 12:2 RVR1960*

El siguiente versículo nos dice en qué y en quién está Pablo enfocado.

3:14

prosigo a la meta, al premio del supremo llamamiento de Dios en Cristo Jesús.

Tus ojos miren lo recto... no te desvíes a la derecha ni a la izquierda. Proverbios 4:25–27 RVR1960

...“la vocación de arriba” (Gál 4:26; Col 3:1): “la vocación celestial” (Heb 3:1); “El premio” es “la corona de justicia” (1Co 9:24; 2Ti 4:8). Ap 2:10 : “corona de la vida”. 1Pe 5:4 : “Una corona incorruptible de vida”. “La soberana (“alta”) vocación” o la “celestial”. [M44]

El premio del supremo llamamiento

Pablo está enfocado en la meta final: el premio del supremo llamamiento de Dios, que es la vida eterna.

La vida eterna es el premio.

Y por supuesto, el buen servicio a Dios tendrá galardón.

Juan dice:

> *Mirad por vosotros mismos, para que no perdáis el fruto de vuestro trabajo, sino que recibáis galardón completo. 2 Juan 1:8 RVR1960*

Pablo dice:

Y el que planta y el que riega son una misma cosa; aunque cada uno recibirá su recompensa conforme a su labor. 1 Corintios 3:8 RVR1960

sabiendo que del Señor recibiréis la recompensa de la herencia, porque a Cristo el Señor servís. Colosenses 3:24 RVR1960

3:15

Así que, todos los que somos perfectos, esto mismo sintamos; y si otra cosa sentís, esto también os lo revelará Dios.

Había dejado de lado todos los obstáculos; Renunció a todas las opiniones judías que habían impedido su salvación, y ahora tenía un único objetivo: asegurar el premio. Pero podría haber aquellos que no habían alcanzado estos puntos de vista, y que todavía estaban impedidos y avergonzados por opiniones erróneas.[M45]

Perfectos

No somos perfectos en cuanto a nuestra condición terrenal. Todos continuamos cometiendo errores. En ese aspecto Pablo no se considera perfecto (3:12).

En cuanto a la salvación, esta es completada y perfecta. Es más, Dios ha perfeccionado esa salvación en nosotros.

porque con una sola ofrenda hizo perfectos para siempre a los santificados. Hebreos 10:14 RVR1960

Esto mismo sintamos

Otra vez, Pablo habla de unidad. Estamos unidos en el mismo sentir.

«Sentir» es una emoción. Ya anteriormente hablamos de la importancia de las correctas emociones.

Y si en algo no hemos llegado a esa

unidad, Dios nos lo revelará a Su tiempo.

En práctica.

Cuando nos reunimos en el estudio bíblico, hay cosas que algunos hermanos no entienden la primera vez que lo escuchan. Siempre les digo: «sigan estudiando… a su tiempo lo van a entender».

Lo mismo sucede cuando estamos en presencia de un texto difícil. A veces toma tiempo, y de repente, un día, nos llega claridad sobre ese texto.

Sin embargo, para las cosas que ya entendemos, este es el consejo…

3:16

Pero en aquello a que hemos llegado, sigamos una misma regla, sintamos una misma cosa.

En otras palabras. Tendrámos unidad en lo que ya entendemos.

Sigamos una misma regla. Sintamos una misma cosa.

Unidos en disciplina y emoción.

Ciudadanos del Cielo (Filipenses 3:17-21)

3:17

Hermanos, sed imitadores de mí, y mirad a los que así se conducen según el ejemplo que tenéis en nosotros.

Pablo les exhorta a seguir su ejemplo y el de otros creyentes que viven según los principios del evangelio. Él es un modelo a seguir en su vida cristiana.

Y estas son palabras muy grandes.

Cuando somos ministros, inevitablemente otros seguirán nuestra conducta. Por eso es que antes, ya leímos en el texto la exhortación del apóstol a que seamos «irreprensibles» (1:10; 2:15).

3:18

Porque por ahí andan muchos, de los cuales os dije muchas veces, y aun ahora lo digo llorando, que son enemigos de la cruz de Cristo;

Comerán, mas no se saciarán… porque dejaron de servir a Jehová. Oseas 4:10 RVR1960

La característica de esas personas mencionadas en el siguiente verso es, más bien, que vivían de una manera que mostraba que eran extraños a su evangelio puro. [M46]

Otra vez, Pablo hace un contraste entre los que son verdaderos y los que son falsos ministros.

Pablo advierte con dolor sobre aquellos que son enemigos de la cruz de Cristo.

Recuerde a quienes llamó «perros». A los legalistas que venían a enseñar la justificación por obras.

Estos serían fácil de identificar en nuestros días. Y hay un fin muy desagradable para los tales.

3:19

el fin de los cuales será perdición, cuyo dios es el vientre, y cuya gloria es su vergüenza; que sólo piensan en lo terrenal.

Él agrega esto para que los filipenses, horrorizados por el peligro, estén tanto más cuidadosamente en guardia que no puedan involucrarse en la ruina de esas personas. [M47]

Sirven al dios vientre

¿Quiénes son estas personas que sirven al dios vientre y sólo piensan en lo terrenal?

Note el mensaje que se escucha desde muchos púlpitos el Domingo, y por medio de muchos micrófonos en diversas plataformas, sea radio, televisión, o medios más modernos.

Aquél que se enriquece, haciendo promesas falsas a los oyentes. Promesas de enriquecimiento rápido, de acumulación de bienes temporales.

Lo que hoy conocemos como el falso evangelio de la prosperidad.

Ministros que se glorían en cosas vergonzosas, y están obsesionados con las cosas terrenales en lugar de las celestiales.

3:20

Mas nuestra ciudadanía está en los cielos, de donde también esperamos al Salvador, al Señor Jesucristo;

He aquí que yo creo nuevos cielos y nueva tierra...
Isaías 65:17 RVR1960

Otra vez, Pablo presenta un contraste entre lo terrenal y lo celestial.

Le recuerda a los creyentes que nuestra verdadera ciudadanía no es terrenal, sino celestial.

Y la esperanza del regreso de Cristo en Su segunda venida.

3:21

el cual transformará el cuerpo de la humillación nuestra, para que sea semejante al cuerpo de la gloria suya, por el poder con el cual puede también sujetar a sí mismo todas las cosas.

...seré satisfecho cuando despierte a tu semejanza.
Salmo 17:15 RVR1960

Hay gloria guardada para los cuerpos de los santos, en los que aparecerán en la resurrección. Entonces el cuerpo será hecho glorioso; no sólo resucitado a la vida, sino resucitado con gran provecho. [M48]

Cuando Cristo regrese, transformará nuestros cuerpos mortales y débiles en cuerpos gloriosos, semejantes a Su cuerpo resucitado.

Esto es por el poder de Cristo, quien sujeta en sí mismo todas las cosas. Esta es una referencia a la creación que es sujetada por Su poder.

Dios, habiendo hablado muchas veces y de muchas maneras en otro tiempo a los padres por los profetas, en estos postreros días nos ha hablado por el Hijo, a quien constituyó heredero de todo, y por quien asimismo hizo el universo; el cual, siendo el resplandor de su gloria, y la imagen misma de su sustancia, y quien sustenta todas las cosas con la palabra de su poder... Hebreos 1:1—3 RVR1960

CAPÍTULO 4

Filipenses 4:1-23

Exhortaciones Finales (Filipenses 4:1-3)

4:1

Así que, hermanos míos amados y deseados, gozo y corona mía, estad así firmes en el Señor, amados.

Si vosotros no creyereis, de cierto no permaneceréis. Isaías 7:9 RVR1960

Él concluye su doctrina, como es habitual, con las exhortaciones más urgentes, para que pueda fijarla más firmemente en la mente de los hombres.
Cuando les ordena que se mantengan firmes en el Señor, quiere decir que él aprueba su condición. [M49]

Amor y Gozo

Pablo expresa su profundo amor por los filipenses, llamándolos su «gozo y corona», indicando que su fidelidad es motivo de gozo para él.

Otra vez vemos una expresión de gozo, lo cual es tema a través de la epístola.

Estad así firmes

Les exhorta a permanecer firmes en el Señor, perseverando en su fe y relación con Cristo.

Decirles que estén firmes no es una

insinuación de que puedan perder su salvación como algunos mal trazan el texto.

Más bien les dice esto porque hay galardón para quienes han permanecido firmes en la buena doctrina que él les ha enseñado, (1) no dejándose llevar por quienes intentaron judaizarlos (*mutiladores del cuerpo 3:2*), o (2) usar por los malos obreros y los que buscan sacar provecho de ellos, que *sirven al dios vientre y sólo piensan en lo terrenal* (3:2; 3:19), y (3) no se distraen sino que prosiguen a la meta del supremo llamamiento (3:12,13) —tres cosas en las que el creyente debe estar firme, mencionadas en el capítulo anterior.

Firmes, no porque puedan perder la salvación, sino para asegurar recibir galardón.

4:2

Ruego a Evodia y a Síntique, que sean de un mismo sentir en el Señor.

Mirad cuán bueno y cuán delicioso es habitar los hermanos juntos en armonía. Salmo 133:1 RVR1960

Llamado a la unidad

Aquí Pablo hace un llamado personal a dos mujeres, Evodia y Síntique, que probablemente tenían algún tipo de desacuerdo. Les pide que sean de un mismo sentir en el Señor, exhortándolas a resolver sus diferencias y a vivir en unidad.

Aparentemente estas dos mujeres eran la fuente de algún tipo de pleito en la iglesia. En lugar de tomar un bando o tratar de resolver sus problemas, Pablo simplemente les dijo que sean de un mismo sentir en el Señor. Cualquiera que fuera el pleito, Evodia y Síntique habían olvidado que ellas tenían un firmamento en común en Cristo Jesús. Ellas olvidaron que todo lo demás era menos importante en comparación del fundamento básico. [M50]

4:3

*Asimismo te ruego también
a ti, compañero fiel,
que ayudes a éstas que
combatieron juntamente
conmigo en el evangelio,
con Clemente también y
los demás colaboradores
míos, cuyos nombres están
en el libro de la vida.*

Compañero fiel: probablemente
algún dirigente de la iglesia de
Filipos. Otra posible traducción:
fiel Sízigo (tomando esta palabra
como nombre propio). [M51]

Estas: es decir, estas hermanas,
las del v. 2. Combatieron
juntamente conmigo: es decir,
colaboraron conmigo. [M52]

En el original griego diría «fiel compañero
de yugo». [1]

La mayoría de los intérpretes sostienen
que Pablo se dirige aquí a una persona
en particular, pero no identificada, que
anteriormente había estado asociada con
él en la obra del evangelio en Filipos. Se
han hecho muchas conjeturas con respecto
a la identidad del "compañero de yugo"
anónimo, y se han sugerido estos nombres:
Lucas, Lidia, Epafrodito, cada uno de los
cuales tenía de una manera u otra alguna
conexión con Filipos. [2]

Alguien ha sugerido que pudo estar
refiriéndose a Silas porque juntos estuvieron
en prisión (yugo) en la fundación de
esta iglesia. [3]

Clemente, puede que se esté refiriendo
a Clemente de Roma. Este fue obispo
de Roma. Se suele situar la elección de
Clemente en el año 88 y su muerte por
martirio en el año 97. [4]

Clemente fue uno de los llamados Padres
apostólicos por haber recibido y transmitido
la predicación directa de los apóstoles de
Jesús de Nazaret. [5]

Cuyos nombres están en el libro de la vida

Pablo menciona que sus nombres están escritos en el «libro de la vida».

Los nombres de quienes Dios ha predestinado ya están en el libro de la vida.

> *La adoraron todos los habitantes de la tierra cuyos nombres no estaban escritos desde el principio del mundo en el libro de la vida del Cordero que fue inmolado. Apocalipsis 13:8 RVR1995*

> *A ese monstruo lo adorarán todos los que no tienen sus nombres escritos en el libro del Cordero, que fue sacrificado. Ese libro fue escrito desde antes de que Dios creara el mundo, y en él están escritos los nombres de todos los que tienen vida eterna. Apocalipsis 13:8 TLA*

> *La bestia que has visto, era, y no es; y está para subir del abismo e ir a perdición; y los moradores de la tierra, aquellos cuyos nombres no están escritos desde la fundación del mundo en el libro de la vida, se asombrarán viendo la bestia que era y no es, y será. Apocalipsis 17:8 RVR1960*

El Gozo y la Paz en el Señor (Filipenses 4:4-9)

4:4

Regocijaos en el Señor siempre. Otra vez digo: ¡Regocijaos!

Aunque la higuera no florezca… con todo, yo me alegraré en Jehová, y me gozaré en el Dios de mi salvación. Habacuc 3:17–18 RVR1960

Pablo anima a los filipenses a regocijarse continuamente en el Señor, a pesar de cualquier circunstancia. El gozo en Cristo es un tema central en esta carta y es una fuente de fortaleza y ánimo para los creyentes.

Deléitate asimismo en Jehová, y él te concederá las peticiones de tu corazón. Salmo 37:4RVR1960

4:5

*Vuestra gentileza sea
conocida de todos los hombres.
El Señor está cerca.*

*Cercano está Jehová a los
quebrantados de corazón...
Salmo 34:18 RVR1960*

Es decir, que sea tal que otros
puedan verla. Esto no significa
que debían hacer una exhibición
ostentosa, sino que debería ser una
característica de sus vidas que sería
constantemente visible para los
demás. La palabra "moderación"
- ἐπιεικὲς epieikes - se refiere a
la moderación de las pasiones, la
sobriedad general de la vida, estar
libre de todo exceso. [M53]

La palabra «gentileza» se refiere a una
actitud de moderación, amabilidad y
consideración hacia los demás. Pablo
les insta a vivir de manera que su
comportamiento amable sea evidente
para todos.

Esa palabra «gentileza» viene del griego
ἐπιεικής (epieikés) y se pudiera traducir:
afable, amable, o apacible. [6]

El Señor está cerca

También les recuerda que «el Señor está
cerca», refiriéndose a su regreso.

La palabra «cerca» viene del griego
ἐγγύς (engús) que se deriva del verbo
primitivo ἄγχω (anjó) que significa: exprimir
o estrangular. [7]

La NTV lo traduce: «el Señor vuelve
pronto» y la TLA lo traduce: «El Señor
Jesús viene pronto».

> *Que todo el mundo vea que son
> considerados en todo lo que hacen.
> Recuerden que el Señor vuelve
> pronto. Filipenses 4:5 NTV*

Que todo el mundo se dé cuenta de que ustedes son buenos y amables. El Señor Jesús viene pronto. Filipenses 4:5 TLA

Ayuda para la ansiedad

4:6

Por nada estéis afanosos, sino sean conocidas vuestras peticiones delante de Dios en toda oración y ruego, con acción de gracias.

Echa sobre Jehová tu carga, y él te sustentará... Salmo 55:22 RVR1960

Busqué a Jehová, y él me oyó, y me libró de todos mis temores. Salmo 34:4 RVR1960

La oración y la paz están íntimamente vinculadas. El que confía en los cuidados de Cristo en lugar de atormentarse con sus problemas, experimentará que la paz de Dios le libra del agobio de la ansiedad. [M54]

Pablo exhorta a los filipenses a no estar ansiosos por nada, sino a llevar sus peticiones a Dios en oración, con una actitud de gratitud. En lugar de preocuparnos, debemos confiar en Dios y orar con fe y agradecimiento.

La palabra «afanosos» viene del griego μεριμνάω (merimnáo) que viene del verbo: preocupar. [8]

La RVC lo traduce así:

No se preocupen por nada. Que sus peticiones sean conocidas delante de Dios en toda oración y ruego, con acción de gracias... Filipenses 4:6 RVC

Y la RVR1995 lo traduce de esta manera:

Por nada estéis angustiados, sino sean conocidas vuestras peticiones delante de Dios en toda oración y ruego, con acción de gracias. Filipenses 4:6 RVR1995

Y la traducción ESV (en inglés) dice: «*do not be anxious about anything*» que se pudiera traducir: «por nada estéis ansiosos».

Por nada estéis ansiosos

La ayuda para la ansiedad está en ir delante del Señor y pedirle ayuda. Él es quien puede ayudarnos.

En esta sociedad moderna, tenemos la tendencia de primero ir con psicólogos y consejeros. No hay nada malo con buscar consejería de personas capacitadas y profesionales —especialmente si nuestra ansiedad o depresión tiene raíces médicas— , sí, busque ayuda y eso es inclusive bíblico; pero en orden de prioridades, vayamos primero al Creador, Él nos formó y nos conoce mejor.

Oración y ruego

A Dios no podemos exigirle nada. La cultura y olas de doctrina modernas te dicen que tu estás en control, que puedes demandarle a Dios, declarar y decretar, pero esas prácticas no son bíblicas.

La Biblia nos enseña a rogar.

> *Todos estos perseveraban unánimes en oración*
> *y ruego... Hechos 1:14 RVR1960*

> *Y para que la grandeza de las revelaciones no me exaltase*
> *desmedidamente, me fue dado un aguijón en mi carne, un*
> *mensajero de Satanás que me abofetee, para que no me enaltezca*
> *sobremanera; respecto a lo cual tres veces he rogado al Señor,*
> *que lo quite de mí. Y me ha dicho: Bástate mi gracia; porque*
> *mi poder se perfecciona en la debilidad. Por tanto, de buena*

> *gana me gloriaré más bien en mis debilidades, para que repose sobre mí el poder de Cristo. 2 Corintios 12:7-9 RVR1960*

Y en esta última porción de texto vemos la correcta actitud en cuanto a la oración.

A veces Dios quiere usar tu padecimiento para reposar en tí el poder de Cristo.

He compartido antes sobre mi lucha personal con la ansiedad y cómo Dios la ha usado para acercarme a Él y aprender a depender de Él aún en las cosas que para muchos son sencillas. Ver el libro: Matando a los dragones. [9]

La ansiedad ha sido en mi vida el instrumento que Dios ha usado para llevarme a descubrir la paz que sobrepasa todo entendimiento.

Para mí, depender de Dios no es una opción; es la única opción.

Y ese podría ser su caso.

Esa paz que sobrepasa todo entendimiento podrá ser descubierta en la oración y en las otras disciplinas que giran alrededor de esta.

4:7

Y la paz de Dios, que sobrepasa todo entendimiento, guardará vuestros corazones y vuestros pensamientos en Cristo Jesús.

Tú guardarás en completa paz a aquel cuyo pensamiento en ti persevera... Isaías 26:3 RVR1960

Cuando los creyentes oramos, en lugar de preocuparnos, la paz de Dios, que va más allá de lo que podemos entender, protegerá nuestros corazones y mentes en Cristo Jesús. Esta paz divina es una defensa contra la ansiedad y el temor.

Fíate de Jehová de todo tu corazón... él enderezará tus veredas. Proverbios 3:5–6 RVR1960

Vuestros pensamientos

Porque —como he mencionado antes— nuestros pensamientos regulan nuestras emociones.

> *Tú guardarás en completa paz a aquel cuyo pensamiento en ti persevera; porque en ti ha confiado. Isaías 26:3 RVR1960*

Y si esto es así...¿cómo podemos dirigir nuestros pensamientos?

El siguiente versículo nos dice específicamente en que pensar.

4:8

Por lo demás, hermanos, todo lo que es verdadero, todo lo honesto, todo lo justo, todo lo puro, todo lo amable, todo lo que es de buen nombre; si hay virtud alguna, si algo digno de alabanza, en esto pensad.

El generoso pensará generosidades...
Isaías 32:8 RVR1960

Pablo anima a los filipenses y a nosotros a enfocarnos en lo que es verdadero, honesto, justo, puro, amable, y de buena reputación. Al pensar en estas cosas, los creyentes mantenemos una mente sana y alineada con los valores del evangelio, lo cual trae paz y estabilidad espiritual.

Sobre toda cosa guardada, guarda tu corazón...
Proverbios 4:23 RVR1960

4:9

Lo que aprendisteis y recibisteis y oísteis y visteis en mí, esto haced; y el Dios de paz estará con vosotros.

Estudia constantemente este libro de instrucción. Medita en él de día y de noche para asegurarte de obedecer todo lo que allí está escrito.
Josué 1:8 NTV

Ya Pablo nos dijo «en qué pensar»; ahora nos dice «qué hacer».

Exhorta a los filipenses y a nosotros a poner en práctica todo lo que hemos aprendido de él, tanto en enseñanza como en ejemplo. Al hacerlo, nos asegura que el Dios de paz estará con nosotros, dándonos Su presencia y protección.

El Agradecimiento de Pablo por el Apoyo (Filipenses 4:10–20)

4:10

En gran manera me gocé en el Señor de que ya al fin habéis revivido vuestro cuidado de mí; de lo cual también estabais solícitos, pero os faltaba la oportunidad.

Pablo expresa su gratitud a los filipenses por haber renovado su apoyo hacia él. Reconoce que siempre han estado dispuestos a ayudarlo, pero que antes no habían tenido la oportunidad de hacerlo.

Pablo no se queja de las demoras en la atención a sus necesidades materiales. Por el contrario, reconoce que los filipenses se mantienen preocupados por él siempre, pero que no han tenido la oportunidad de mandarle ayuda. Esa oportunidad ha llegado con Epafrodito. [M55]

Bendición en el lenguaje de Pablo

4:11

No lo digo porque tenga escasez, pues he aprendido a contentarme, cualquiera que sea mi situación.

Jehová es mi pastor; nada me faltará. Salmo 23:1 RVR1960

…manténme del pan necesario… no sea que me sacie y te niegue… Proverbios 30:8–9 RVR1960

Contentamiento

Ha aprendido a estar contento en cualquier situación, ya sea en la abundancia o en la escasez.

Entonces, nos está diciendo que contentamiento no depende de lo que tienes o no tienes a la mano.

> *Sean vuestras costumbres sin avaricia, contentos con lo que tenéis ahora; porque él dijo: No te desampararé, ni te dejaré… Hebreos 13:5 RVR1960*

4:12

Sé vivir humildemente, y sé tener abundancia; en todo y por todo estoy enseñado, así para estar saciado como para tener hambre, así para tener abundancia como para padecer necesidad.

Y él había pasado por estas cosas, especialmente por las privaciones, de modo que había aprendido la lección perfectamente, como implica la palabra μεμυημαι; estaba completamente instruido. [M56]

Pablo ha experimentado tanto la abundancia como las limitaciones económicas, y ha aprendido a adaptarse y estar satisfecho en todas las circunstancias.

Depender de Dios nos hace adaptables.

Su confianza en Dios le permite enfrentar tanto la prosperidad como la adversidad con el mismo espíritu.

4:13

Todo lo puedo en Cristo que me fortalece.

Dios es el que me ciñe de fuerza…
2 Samuel 22:33 RVR1960

Todo lo puedo-El griego: "Tengo fuerzas para todas las cosas"; no solamente "para ser humillado ("estar en pobreza") y para tener abundancia". Después de dar ejemplos específicos, declara su poder universal: ¡cuán triunfalmente, mas cuán humildemente! [M57]

Este ha sido un versículo muy abusado y sacado de contexto.

Muchos motivadores y que promueven el poder de la mente y el pensamiento positivo, han usado este versículo para enseñar que podemos alcanzar todo lo que nos proponemos —aún nuestros caprichos y sueños de grandeza.

Pero eso no es lo que está diciendo el texto.

Pablo está diciendo que «todo lo puede», tanto «*estar saciado*» como «*tener hambre*»; tanto «*tener abundancia*» como «*padecer necesidad*».

En Cristo puedo disfrutar y padecer.

Pablo está hablando de adaptación que produce contentamiento.

Cuando estamos contentos con cualquier situación, tenemos paz.

He aprendido a contentarme

Contentamiento quita la ansiedad sobre el futuro.

> *Sean vuestras costumbres sin avaricia, contentos con lo que tenéis ahora; porque él dijo: No te desampararé, ni te dejaré... Hebreos 13:5 RVR1960*

> *Así que, teniendo sustento y abrigo, estemos contentos con esto. 1 Timoteo 6:8 RVR1960*

4:14

Sin embargo, bien hicisteis en participar conmigo en mi tribulación.

Pablo reconoce el buen gesto de los filipenses al ayudarlo en su tiempo de necesidad. Aunque él podía estar contento en cualquier situación, aprecia que hayan compartido con él en sus tribulaciones.

4:15

Y sabéis también vosotros, oh filipenses, que al principio de la predicación del evangelio, cuando partí de Macedonia, ninguna iglesia participó conmigo en razón de dar y recibir, sino vosotros solos;

Pablo recuerda que los filipenses fueron la única iglesia que lo apoyó económicamente cuando comenzó su ministerio después de dejar Macedonia. Esto resalta la generosidad y fidelidad de los filipenses desde el principio de su relación con Pablo.

> *Y cuando estaba entre vosotros y tuve necesidad, a ninguno*

fui carga, pues lo que me faltaba, lo suplieron los hermanos que vinieron de Macedonia, y en todo me guardé y me guardaré de seros gravoso. 2 Corintios 11:9 RVR1960

4:16

pues aun a Tesalónica me enviasteis una y otra vez para mis necesidades.

Mientras trabajaba para plantar la Iglesia allí, se mantenía en parte trabajando con sus manos, 1 Tesalonicenses 2:9 ; 2 Tesalonicenses 3:7 [M58]

Incluso cuando Pablo estaba en Tesalónica, los filipenses enviaron ayuda económica varias veces para suplir sus necesidades.

Necesidades

Note que es bendición tener cubiertas nuestras necesidades, no nuestros caprichos.

4:17

No es que busque dádivas, sino que busco fruto que abunde en vuestra cuenta.

El alma generosa será prosperada...
Proverbios 11:25 RVR1960

Pablo aclara que no busca sus dádivas por interés propio, sino que desea que su generosidad les traiga recompensa espiritual. Él quiere que su generosidad sea un «fruto» que abunde en su favor ante Dios.

4:18

Pero todo lo he recibido, y tengo abundancia; estoy lleno, habiendo recibido de Epafrodito lo que enviasteis, olor fragante, sacrificio acepto, agradable a Dios.

Holocausto... de olor grato a Jehová.
Éxodo 29:18 RVR1960

Pablo asegura a los filipenses que ha recibido todo lo que le enviaron a través de Epafrodito y que está lleno. Describe su ofrenda como un «olor fragante», un «sacrificio acepto» y «agradable a Dios».

Usa una imagen del altar del incienso en el tabernáculo cuyo acto producía un olor aromático.

Harás asimismo un altar para quemar el incienso; de madera de acacia lo harás. Éxodo 30:1 RVR1960

Y Aarón quemará incienso aromático sobre él; cada mañana cuando aliste las lámparas lo quemará. Éxodo 30:7 RVR1960

La ofrenda que enviaban los filipenses a Pablo tenía esa característica sacrificial, lo cual le daba más valor.

De Epafrodito

Aquí vemos el papel que juega Epafrodito en las misiones de Pablo. Ya vimos en cuán alta estima Dios lo tiene (2:25—30).

Bendición es tener nuestras necesidades suplidas

4:19

Mi Dios, pues, suplirá todo lo que os falta conforme a sus riquezas en gloria en Cristo Jesús.

Los leoncillos necesitan y tienen hambre; pero los que buscan a Jehová no tendrán falta de ningún bien. Salmo 34:10 RVR1960

Te abrirá Jehová... su buen tesoro... para bendecir toda obra de tus manos. Deuteronomio 28:12 RVR1960

Habían estado sembrando realmente en el campo del Señor, de lo cual se podía esperar una cosecha segura y abundante. M59

En Inglés dice:

And my God shall supply all your NEED according to His riches in glory by Christ Jesus. Filipenses 4:19 NKJV

Que se traduciría:

Mi Dios, suplirá toda vuestra NECESIDAD conforme a sus riquezas en gloria en Cristo Jesús.

La RVA-2015 dice:

Mi Dios, pues, suplirá toda NECESIDAD de ustedes conforme a sus riquezas en gloria en Cristo Jesús. Filipenses 4:19 RVA-2015

Pablo confía en que Dios suplirá todas las necesidades de los filipenses según Sus infinitas riquezas en Cristo Jesús.

Esta es una promesa de provisión divina para aquellos que confían en Él.

Esta promesa evidentemente no es para todo el que la recite. Es para quienes participan en avanzar misiones, en financiar la labor del evangelio.

4:20

Al Dios y Padre nuestro sea gloria por los siglos de los siglos. Amén.

No a nosotros, oh Jehová… sino a tu nombre da gloria. Salmo 115:1 RVR1960

Dad a Jehová la gloria debida a su nombre… Salmo 29:1–2 RVR1960

Pablo termina esta sección con una doxología, dando gloria a Dios el Padre, reconociendo que todo lo que ha sucedido es para Su gloria eterna.

Saludos Finales (Filipenses 4:21-23)

4:21

Saludad a todos los santos en Cristo Jesús. Los hermanos que están conmigo os saludan.

Jehová te bendiga… y ponga en ti paz. Números 6:24–26 RVR1960

Pablo envía saludos a todos los santos (los creyentes) en Cristo Jesús en Filipos, y menciona que los hermanos que están con él también envían sus saludos.

El saludo final tiene elementos reiterativos que se encuadran dentro del espíritu general de la carta. Como ha insistido en la mutua pertenencia entre creyentes, quiere que su saludo sea recibido por todos los santos.
A su vez, asocia consigo a todos los hermanos que lo acompañan, no necesariamente en la prisión, pero posiblemente que lo visitaban y servían a sus necesidades. [M60]

4:22

Todos los santos os saludan, y especialmente los de la casa de César.

...de la casa de César - Es decir, de Nerón, que en ese momento era el emperador reinante. [M61]

Los «santos» de la casa de César probablemente se refiere a los cristianos que trabajaban o vivían en el palacio imperial en Roma. Esto muestra cómo el evangelio había llegado incluso a los círculos más altos del poder.

4:23

La gracia de nuestro Señor Jesucristo sea con todos vosotros. Amén.

Pablo concluye la carta con una bendición, deseando que la gracia de Jesús esté con todos los filipenses.

La bendición final regresa al mismo estilo de la salutación inicial de la carta. Hay una referencia a la gracia de nuestro Señor Jesucristo, el don de Dios que hace posible la salvación y la vida cristiana. [M62]

En este capítulo, Pablo expresa agradecimiento, enseña sobre el contentamiento en Cristo y exhorta a los filipenses a regocijarse en el Señor y a vivir en paz.

Notas

Notas de la Introducción

1- En teología, un continuista es una persona que cree que los dones del Espíritu Santo que se manifestaron en la Iglesia Primitiva siguen existiendo y son necesarios para la Iglesia en la actualidad. Esta visión se opone al cesacionismo, que sostiene que algunos de estos dones cesaron. «Teología Pentecostal: Cesacionismo y Continuismo». Consultado el 21 de Jun. de 2016.

2- Los continuistas creen que todos los dones del Espíritu Santo mencionados en el Nuevo Testamento son para todo el período entre Pentecostés y la (segunda) venida del Señor. https://www.coalicionporelevangelio.org/articulo/continuistas-y-cesacionistas-juntos-por-el-evangelio/ (Capturado Octubre 17, 2024)

Notas del capítulo 1

1- Obispo. Del lat. tardío episcŏpus, y este del gr. ἐπίσκοπος epískopos; literalmente 'inspector', 'supervisor'. Real Academia Española. https://dle.rae.es/obispo (Capturado Octubre 8, 2024)

2- Sigurd Grindheim, Introducing Biblical Theology, Bloomsbury Publishing, UK, 2013, p. 198

3- En el Nuevo Testamento, el término antiguo no necesariamente se distingue de otros nombres que se usan para referirse a los líderes de la iglesia. De hecho, al anciano también se le llama obispo (episcopos), y su oficio incluye el «pastorear la Iglesia de Dios» (Hechos de los Apóstoles 20:28). https://es.wikipedia.org/wiki/Anciano_(cristianismo) (Capturado Octubre 8, 2024)

4- Real Academia Española. «diácono». Diccionario de la lengua española (23.ª edición).

5- Sermon: One of the Central Jewels | Ephesians 1 (Doug Wilson) Canon Press. https://youtu.be/nWpCh1uElmA (Capturado Agosto 11, 2024)

6- Hagiázō. Yo hago santo, trato como santo, apartado como santo, santifico, santifico, purifico. https://greeklexicon.org/lexicon/strongs/37/ (Capturado Noviembre 30, 2020)

7- El ascetismo es la doctrina filosófica o religiosa que busca, por lo general, purificar el espíritu por medio de la negación de los placeres materiales o abstinencia; al conjunto de procedimientos y conductas de doctrina moral que se basa en la oposición sistemática al cumplimiento de necesidades de diversa índole que dependerá, en mayor o menor medida, del grado y orientación del que se trate. https://es.wikipedia.org/wiki/Ascetismo (Capturado Marzo 19, 2021).

Los ascetas sostenían que, al resistirse a los placeres materiales, conseguían purificar su espíritu. De este modo llevaban una vida sobria, guiada por férreas pautas éticas. Pese a que puede considerarse como una doctrina independiente, el ascetismo se incorporó, a lo largo de la historia, a religiones como el cristianismo, el budismo y el islam. En el cristianismo, varios monjes y comunidades religiosas comenzaron a abandonar las ciudades para llevar una vida ascética en el desierto o en otras zonas alejadas. El objetivo era consagrarse a la oración, la meditación y la penitencia sin la intromisión de las cuestiones mundanas. https://definicion.de/ascetismo/ (Capturado Abril 12, 2021).

Notas del capítulo 2

1- La Biblia se dividió en capítulos y versículos para ayudarnos a encontrar las Escrituras de forma más rápida y fácil.

Las divisiones de capítulos que comúnmente se usan hoy en día fueron desarrolladas por Stephen Langton, un arzobispo de Canterbury. Langton puso en marcha las actuales divisiones de capítulos hacia el año 1227. La Biblia inglesa Wycliffe de 1382 fue la primera Biblia en usar este modelo de capítulos. A partir de la Biblia Wycliffe, casi todas las traducciones de la Biblia han seguido las divisiones de capítulos de Langton.

El Antiguo Testamento hebreo fue dividido en versículos por un rabino judío llamado Natán en el año 1448 d.C. Robert Estienne, también conocido como Estéfano, fue el primero en dividir el Nuevo Testamento en versículos con numeración estándar, en el año 1555. Estéfano usó básicamente las divisiones de los versículos de Natán para el Antiguo Testamento. Desde entonces, comenzando con la Biblia de Ginebra, las divisiones de capítulos y versículos que Estéfano usó, han sido aceptadas en casi todas las versiones de la Biblia. https://www.gotquestions.org/Espanol/biblia-dividida-capitulos.html (Capturado Octubre 22, 2024).

2- ¿Por qué dijo Jesús que el Padre es mayor que Él en Juan 14:28? https://biblechat.ai/es/temas/nuevo-testamento/evangelios/por-que-jesus-dijo-padre-mayor-que-el-juan-1428/ (Capturado Octubre 22, 2024).

3- Sobre la Trinidad. Traducido por Joaquín de la Sierra. Independently published (July 16, 2024) ISBN: 979-8333306043

4- Luther's Works (American Edition, vol. 25).

5- Metafísica. La mayoría de las perspectivas que involucran la metafísica espiritual rechazan la doctrina cristiana tradicional en favor de los sistemas de creencias holísticos, del Nuevo Pensamiento, místicos y trascendentes. ¿Qué es la metafísica espiritual? https://www.

gotquestions.org/Espanol/espiritual-metafisica.html (Capturado Octubre 23, 2024).

6- Nueva Era. El pensamiento de la nueva era tiene sus raíces en el misticismo oriental, que pasa por alto la mente. Hay un nuevo órgano de la percepción – el tercer ojo, que da luz espiritual. Uno tiene que llegar al "ser psíquico" por el entrenamiento de uno mismo para ignorar los mensajes de la mente o para ver que la mente en realidad logra "una conciencia cósmica". La mente puede crear la realidad. ¿Qué es el movimiento de la nueva era?

https://www.gotquestions.org/Espanol/movimiento-nueva-era.html (Capturado Octubre 23, 2024).

Notas del capítulo 3

1- Mutiladores: katatomē (κατατομή). Definición: cortamiento, concisión, mutilación. https://bibliaparalela.com/greek/2699.htm (Capturado Octubre 29, 2024).

2- Mutilare. Cortar o cercenar una parte del cuerpo, y más particularmente del cuerpo viviente. https://dle.rae.es/mutilar (Capturado Octubre 29, 2024).

3- Strong griego #4657 σκύβαλον skúbalon. https://www.logosklogos. com/strongcodes/4657 (Capturado Octubre 29, 2024).

4- Es en este contexto que Pablo considera "todas las cosas como estiércol". https://www. gotquestions.org/Espanol/Estimo-todo-como-perdida.html (Capturado Octubre 29, 2024).

Notas del capítulo 4

1- Strong griego #4805 σύζυγος súzugos. en yugo común, es decir (figuradamente) como sustantivo, colega; probable más bien como nombre propio; Sizigo, un cristiano. https://www.logosklogos.com/strongcodes/4805 (Capturado Noviembre 5, 2024).

2- Compañero de yugo. https://www-biblestudytools-com.translate. goog/encyclopedias/isbe/yoke-fellow.html?_x_tr_sl=en&_x_tr_tl=es&_x_ tr_hl=es&_x_tr_pto=rq (Capturado Noviembre 5, 2024).

3- Benson sugiere que probablemente se esté dirigiendo a Silas , "porque Silas había sido su compañero de yugo en el mismo lugar". https://es.wikipedia. org/wiki/Filipenses_4#cite_note-4 (Capturado Noviembre 5, 2024).

4- Clemente de Roma. https://es.wikipedia.org/wiki/Clemente_ de_Roma (Capturado Noviembre 5, 2024).

5- Ruíz Bueno, Daniel (2002). Padres apostólicos y apologistas griegos del siglo II. Madrid: Biblioteca de Autores cristianos. pp. 3-5. ISBN 84-7914-623-0.

6- Strong griego #1933 ἐπιεικής epieikés.

 https://www.logosklogos.com/strongcodes/1933 (Capturado Noviembre 5, 2024).

7- Strong griego #1451 ἐνγύς engús. https://www.logosklogos.com/strongcodes/1451 (Capturado Noviembre 5, 2024).

8- Strong griego #3309 μεριμνάω merimnáo. https://www.logosklogos.com/strongcodes/3309 (Capturado Noviembre 5, 2024).

9- Pérez, JA. Matando a los Dragones: De la ansiedad a la paz que sobrepasa todo entendimiento. Tisbita Publishing House (March 7, 2020). ISBN: 978-1947193246

Puede ser obtenido aquí: https://amzn.to/4hFqDGK

Notas del margen

M1- Comentario Biblico de Juan Calvino. Filipenses 1:15.

M2- Alvarenga, Willie A. (2015) Comentario de la Carta De Filipenses: Una explicación verso por verso del texto de la carta de Filipenses. Alvarenga Publications. pp. 12.

M3- Ibidem.

M4- Comentario Bíblico de Matthew Henry. Traducido al castellano por Francisco la Cueva, Copyright © Spanish House Ministries | Unilit. Filipenses 1:1-7.

M5- Comentario de la Biblia de Estudio de Ginebra. (1560) Filipenses 1:7.

M6- Comentario Bíblico completo de John Trapp. (1601 - 1669) Filipenses 1:7

M7- Ibidem. Filipenses 1:10.

M8- Comentario de la Biblia Plenitud. Jack W. Hayford, Copyright 2000 © Editorial Caribe inspirada en la versión Reina Valera 1960 Editorial Grupo Nelson.

M9- Comentario Bíblico de Juan Calvino. Filipenses 1:15.

M10- Comentario de Jamieson-Fausset-Brown. Roberto Jamieson, A. R. Fausset y David Brown, Copyright © Casa Bautista de Publicaciones, 7000 Alabama St., El Paso, Texas 79904 Casabautista.org. Filipenses 1:16-17.

M11- Comentario Bíblico de Matthew Henry. Traducido al castellano por Francisco la Cueva, Copyright © Spanish House Ministries | Unilit. Filipenses 1:12-20.

M12- Comentarios de la Reina Valera 1995. Tomado de la versión Reina-Valera 1995 ®, © Sociedades Bíblicas Unidas , 1995 Usado con permiso.

M13- Comentario Bíblico de Juan Calvino. Filipenses 1:20.

M14- Piper, John. To Live Is Christ — What Does That Mean? (Audio Transcript) Traducido.https://www.desiringgod.org/interviews/to-live-is-christ-what-does-that-mean (Capturado Enero 14, 2026)

M15- Comentario Bíblico de Juan Calvino. Filipenses 1:22.

M16- Comentarios de la Reina Valera 1995. Tomado de la versión Reina-Valera 1995 ®, © Sociedades Bíblicas Unidas , 1995 Usado con permiso.

M17- Comentario Bíblico de Juan Calvino. Filipenses 1:25.

M18- Comentario Bíblico de Albert Barnes. Filipenses 1:25.

M19- Ibidem. Filipenses 1:26.

M20- Comentario Bíblico de Adam Clarke. Filipenses 1:28.

M21- Ibidem.

M22- Comentario Bíblico Mundo Hispano.

7000 Alabama St. El Paso, TX 79904, Copyright 2000 © Editorial Mundo Hispano.

M23- Comentario Bíblico de Albert Barnes. Filipenses 2:1.

M24- Ibidem. Filipenses 2:2.

M25- Comentario Bíblico de Matthew Henry. Traducido al castellano por Francisco la Cueva, Copyright © Spanish House Ministries | Unilit. Filipenses 2:4.

M26- Comentario Bíblico completo de John Trapp. Filipenses 2:5.

M27- Ibidem. Filipenses 2:6.

M28- Notas explicativas de Wesley. Filipenses 2:9.

M29- Comentario Bíblico de Albert Barnes. Filipenses 2:11.

M30- Comentario de Jamieson-Fausset-Brown. Roberto Jamieson, A. R. Fausset y David Brown, Copyright © Casa Bautista de Publicaciones, 7000 Alabama St., El Paso, Texas 79904 Casabautista.org.

M31- Comentario Bíblico de Matthew Henry. Traducido al castellano por Francisco la Cueva, Copyright © Spanish House Ministries | Unilit. Filipenses 2:16.

M32- Comentario Bíblico Mundo Hispano. 7000 Alabama St. El Paso, TX 79904, Copyright 2000 © Editorial Mundo Hispano. Filipenses 2:19.

M33- Comentario Bíblico de Juan Calvino. Filipenses 2:21.

M34- Comentario Bíblico Mundo Hispano. 7000 Alabama St. El Paso, TX 79904, Copyright 2000 © Editorial Mundo Hispano. Filipenses 2:27.

M35- Ibidem. Filipenses 2:29.

M36- Comentario de la Biblia Plenitud. Jack W. Hayford, Copyright 2000 © Editorial Caribe inspirada en la versión Reina Valera 1960 Editorial Grupo Nelson.

M37- Comentario Bíblico de Spurgeon. Filipenses 3:1.

M38- Comentario Bíblico de Juan Calvino. Filipenses 3:2.

M39- Comentario de la Biblia de Estudio de Ginebra. Filipenses 3:3.

M40- Comentarios de la Reina Valera 1995. Tomado de la versión Reina-Valera 1995 ®, © Sociedades Bíblicas Unidas , 1995 Usado con permiso.

M41- Comentario de la Biblia Plenitud. Jack W. Hayford, Copyright 2000 © Editorial Caribe inspirada en la versión Reina Valera 1960 Editorial Grupo Nelson.

M42- Comentario Bíblico de Juan Calvino. Filipenses 3:8.

M43- Comentario Bíblico de Matthew Henry. Traducido al castellano por Francisco la Cueva, Copyright © Spanish House Ministries | Unilit.

M44- Comentario de Jamieson-Fausset-Brown. Roberto Jamieson, A. R. Fausset y David Brown, Copyright © Casa Bautista de Publicaciones, 7000 Alabama St., El Paso, Texas 79904 Casabautista.org.

M45- Comentario Biblico de Albert Barnes. Filipenses 3:15.

M46- Ibidem. Filipenses 3:18.

M47- Comentario Bíblico de Juan Calvino. Filipenses 3:19.

M48- Comentario Bíblico de Matthew Henry. Traducido al castellano por Francisco la Cueva, Copyright © Spanish House Ministries | Unilit.

M49- Comentario Bíblico de Juan Calvino. Filipenses 4:1.

M50- Guzik, David. Filipenses 4 – Paz y Gozo en Todas las Circunstancias. https://www.blueletterbible.org/Comm/guzik_david/spanish/StudyGuide_Phl/Phl_4.cfm (Capturado Enero 14, 2026).

M51- Comentarios de la Reina Valera 1995. Tomado de la versión Reina-Valera 1995 ®, © Sociedades Bíblicas Unidas, 1995. Usado con permiso.

M52- Ibidem.

M53- Comentario Bíblico de Albert Barnes. Filipenses 4:5.

M54- Comentario de la Biblia Plenitud. Jack W. Hayford, Copyright 2000 © Editorial Caribe inspirada en la versión Reina Valera 1960 Editorial Grupo Nelson.

M55- Ibidem. Filipenses 4:10.

M56- Comentario Biblico de Adam Clarke. Filipenses 4:12.

M57- Comentario de Jamieson-Fausset-Brown. Roberto Jamieson, A. R. Fausset y David Brown, Copyright © Casa Bautista de Publicaciones, 7000 Alabama St., El Paso, Texas 79904 Casabautista.org.

M58- Comentario Biblico de Adam Clarke. Filipenses 4:16.

M59- Comentario Bíblico de Juan Calvino. Filipenses 4:19.

M60- Comentario Bíblico Mundo Hispano. 7000 Alabama St. El Paso, TX 79904, Copyright 2000 © Editorial Mundo Hispano.

M61- Comentario Biblico de Albért Barnes. Filipenses 4:22.

M62- Comentario Bíblico Mundo Hispano. 7000 Alabama St. El Paso, TX 79904, Copyright 2000 © Editorial Mundo Hispano.

Autor

Cursos

Libros

Sobre el autor

Dr. JA Pérez es escritor, misionero y precursor de
movimientos de cosecha en América Latina.

Sus concentraciones masivas han atraído grandes multitudes durante años.

Con una trayectoria ministerial de más de cuatro décadas
y varios libros publicados, sus esfuerzos hoy alcanzan
a millones de vidas en todo el continente.

Su trabajo ha recibido menciones en cadenas internacionales como *CBN,* el
Club 700 y decenas de televisoras y periódicos en Centro y Sur América. En
el año 2019 le fue otorgado el premio *John Wesley* (John Wesley Award) de
la *Asociación Luis Palau* por su labor y liderazgo en el evangelismo mundial.

Ha equipado a miles de líderes y ministros para la obra del ministerio.

Él, su esposa y sus tres hijos viven en un suburbio de San Diego en California.

Sitio y redes sociales

japerez.com

youtube.com/@*por*JAPerez

facebook.com/*por*JAPerez

RECURSOS

Teología Sistemática para Latinoamérica

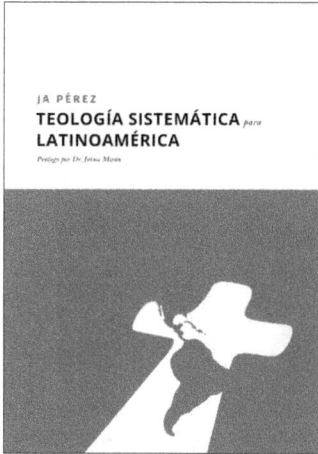

Este contiene todo el texto y es un valioso libro de referencias y consultas que todo estudiante serio de teología debe tener en su biblioteca.

780 páginas

Publicado por: *Tisbita Publishing House.*

Para información sobre tiendas donde puede obtenerlo puede ir a:

https://japerez.com/teologia

Los alemanes cuentan con la teología sistemática de Wolfhart Pannenberg; los ingleses con Alister McGrath; los franceses con Juan Calvino; los españoles con Francisco Lacueva y Samuel Vila; los americanos con Lewis Sperry Chafer, Wayne Grudem, Charles Hodge, Louis Berkhof, Stanley M. Horton y John MacArthur, entre otros. Gracias a Dios, varios han sido traducidos al español.

Pero no ha existido una obra de teología sistemática escrita por un latino para latinos… hasta ahora.

Teología Sistemática para Latinoamérica son once ramas, que cubren en forma sistemática las diferentes fases de la teología escrita en español para latinos.

Lo que más me agrada es que no sólo cubre todas las doctrinas de la teología sino también es fácil de leer y entender.

Es reconfortante saber que en los cimientos de Teología Sistemática para Latinoamérica está la creencia de la absoluta autoridad de la Palabra de Dios.

JA Pérez tiene un ministerio aprobado de años en el mundo de habla hispana. Además, goza de un matrimonio sólido y sus tres hijos colaboran en el ministerio. Ha sido mi privilegio ministrar con él en varios países donde he podido observar su visión, pasión por las almas y amor a Dios.

Estoy más que seguro que disfrutará de esta magnífica obra.

Dr. Jaime Mirón

Editor General de la Biblia Nueva Traducción Viviente y vicepresidente de la Asociación Luis Palau.

Manuales

Estos libros contienen todo el texto de *Teología Sistemática para Latinoamérica* además de ejercicios / cuestionarios y espacios para notas, para ser usados en estudios de grupos, clases de instituto bíblico, seminario o cualquier otro formato donde se equipen ministros y líderes para la obra de ministerio o creyentes en general que quieren crecer en el conocimiento de Dios.

JA PÉREZ
**BIBLIOLOGÍA:
LA DOCTRINA DE LA
PALABRA DE DIOS**

JA PÉREZ
**PATEROLOGÍA:
LA DOCTRINA DE
DIOS PADRE**

JA PÉREZ
**CRISTOLOGÍA:
LA DOCTRINA DE CRISTO**

JA PÉREZ
**PNEUMATOLOGÍA:
LA DOCTRINA
DEL ESPÍRITU SANTO**

JA PÉREZ
**ANTROPOLOGÍA:
LA DOCTRINA DEL HOMBRE**

JA PÉREZ
**HAMARTIOLOGÍA:
LA DOCTRINA DEL PECADO**

JA PÉREZ
**SOTERIOLOGÍA:
LA DOCTRINA
DE LA REDENCIÓN**

JA PÉREZ
**ECLESIOLOGÍA:
LA DOCTRINA DE LA IGLESIA**

JA PÉREZ
**ORIGEN:
LA DOCTRINA
DE LA CREACIÓN**

JA PÉREZ
**ANGELOLOGÍA:
LA DOCTRINA
DE LOS ÁNGELES**

JA PÉREZ
**ESCATOLOGÍA:
LA DOCTRINA DEL FUTURO**

Cursos de teología

Teología al alcance de todos

La Teología (el estudio de Dios) debe ser estudiada no solo por el ministro ordenado o el aspirante al ministerio cristiano, sino por todo creyente.

Todos debemos conocer mejor a Dios, por lo tanto, hemos puesto estos cursos de teología sistemática al alcance de todos.

¿Cómo funciona?

Cada curso presenta lecciones en video y texto, el manual de curso, ejercicios y un examen final. Una vez completado, el estudiante recibe el Certificado de Completación de ese curso.

Todo dentro de una comunidad, donde usted puede hacer preguntas, compartir ideas y relacionarse con otros estudiantes.

INSTITUTO JA PÉREZ

para ESTUDIOS AVANZADOS

Estos cursos son certificados por el *Instituto JA Pérez para Estudios Avanzados*™ bajo el consejo de la *Facultad de Teología Latinoamericana*. Nuestro programa de cursos responde a la necesidad de equipar creyentes, líderes, ministros continentales y aspirantes al ministerio con sólida enseñanza de manera que estos puedan influir a sus mundos con el mensaje de la buena noticia.

Más información en:
https://estudios.japerez.com/teologia

OTROS LIBROS

Los libros que siguen pueden ser
encontrados en: **japerez.com/libros**
o en librerías alrededor del mundo.

COMENTARIOS

Las epístolas carcelarias

Otras epístolas

Publicaciones más recientes

Apologética

Vida abundante

Crecimiento espiritual | Teología | Principios de vida | Relaciones

Serie *Venciendo la ansiedad*

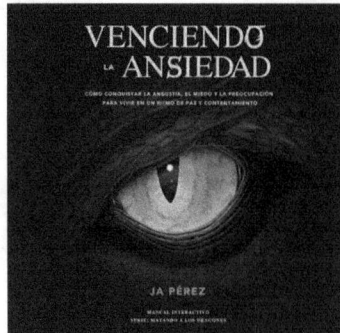

En esta serie comparto mis luchas, retos y estragos. También las verdades que me han llevado de la ansiedad a una vida de paz y contentamiento.

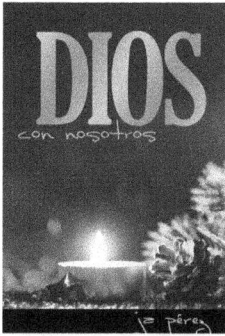

DIOS
con nosotros
J. Pérez

LA MUERTE
y cómo librarte de ella
JA PÉREZ

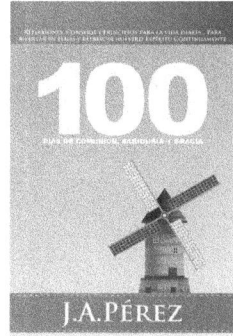

100
J.A. PÉREZ

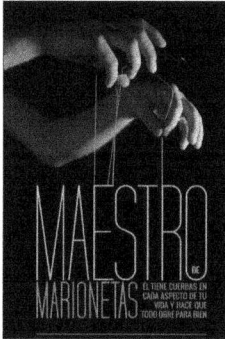

MAESTRO
DE
MARIONETAS
EL TIENE CUERDAS EN
CADA ASPECTO DE TU
VIDA Y HACE QUE
TODO OBRE PARA BIEN

la
PRISA
JA PÉREZ

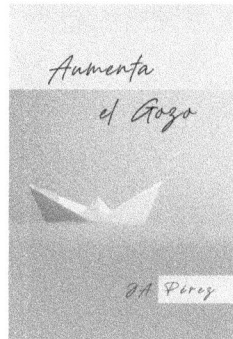

Aumenta
el Gozo
J.A. Pérez

GRAN
EXPECTACIÓN
de COSAS
BUENAS
JA PÉREZ

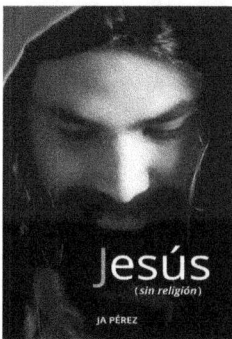

Jesús
(sin religión)
JA PÉREZ

JESÚS
pregunta
JA PÉREZ

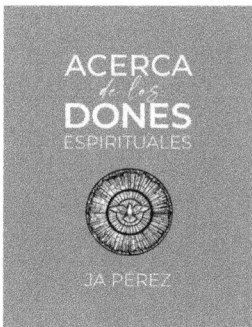

ACERCA
de los
DONES
ESPIRITUALES
JA PÉREZ

FELIZ
JA PÉREZ
LIBRO INTERACTIVO

Profecía bíblica

Ficción

Finanzas personales

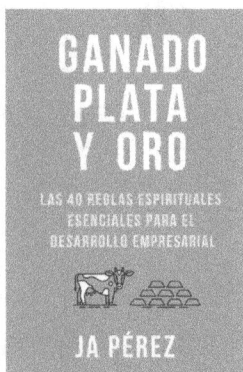

Evangelismo, discipulado y misiones

Ministerio | Liderazgo

Ministerio | Crecimiento de la iglesia | Evangelismo | Misiones

Discipulado | Estudio de grupos | Empresa

DESARROLLO DE LIDERAZGO

MISIONES

JA PÉREZ

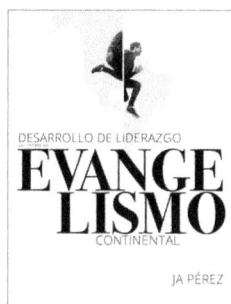

DESARROLLO DE LIDERAZGO

EVANGELISMO

CONTINENTAL

JA PÉREZ

las 12 MARCAS DEL DISCÍPULO

JA PÉREZ

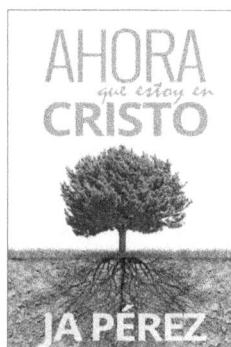

AHORA que estoy en CRISTO

JA PÉREZ

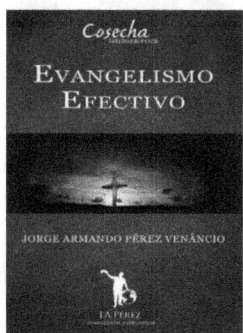

Cosecha

EVANGELISMO EFECTIVO

JORGE ARMANDO PÉREZ VENÂNCIO

JA PÉREZ

COMO COMPARTIR LAS BUENAS NOTICIAS

JA PÉREZ

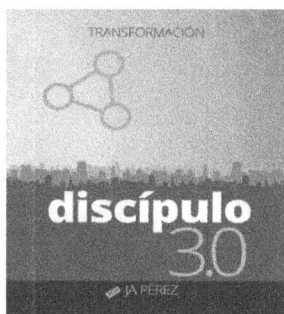

TRANSFORMACIÓN

discípulo 3.0

JA PÉREZ

Desarrollo de proyectos

DESARROLLO DE
LIDERAZGO
CON ÉNFASIS
EMPRESARIAL
JA PÉREZ

Desarrollo de
Liderazgo
con énfasis en
Diplomacia
JA Pérez

12
FUNDAMENTOS
DE
LIDERAZGO
POR
JA PÉREZ

los 5
ERRORES
MÁS COMUNES
QUE COMETE UN LÍDER

JA PÉREZ

LÍDER
CON MENTE DE
REINO
10 principios fundamentales esenciales
para el liderazgo internacional por JA PÉREZ

EMBAJADOR360°
LÍDER
CON MENTE DE
REINO
10 principios fundamentales esenciales
para el liderazgo internacional por JA PÉREZ

EMBAJADOR360°
MAESTRO
LÍDER
CON MENTE DE
REINO
10 principios fundamentales esenciales
para el liderazgo internacional por JA PÉREZ

LIDERAZGO
IRREVOCABLE

JA PÉREZ

LIDERAZGO
INTELIGENTE

JA PÉREZ

LIDERAZGO
y CONSORCIOS

JA PÉREZ

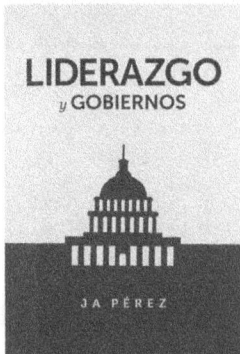

LIDERAZGO
y GOBIERNOS

JA PÉREZ

LIDERAZGO
PRODUCTIVO

JA PÉREZ

LIDERAZGO
y CAPITAL INFLUYENTE

JA PÉREZ

LIDERAZGO
INSPIRACIONAL

JA PÉREZ

LIDERAZGO
TRANSPARENTE

JA PÉREZ

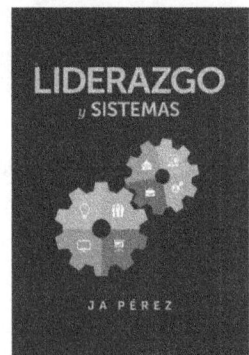

LIDERAZGO
y SISTEMAS

JA PÉREZ

LIDERAZGO
y DESARROLLOS

JA PÉREZ

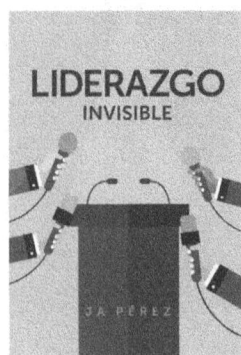

LIDERAZGO
INVISIBLE

JA PÉREZ

LIDERAZGO
y LEGADO

JA PÉREZ

Inspiración y creatividad

Crecimiento de la iglesia

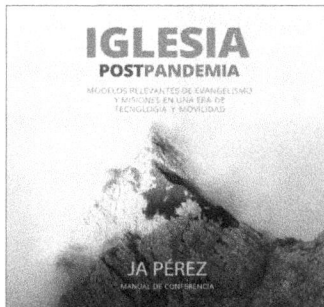

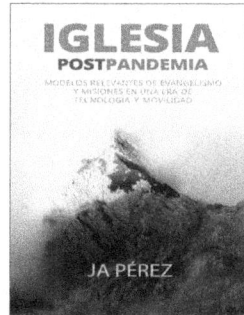

Clásicos

Vida cristiana | Familia | Relaciones

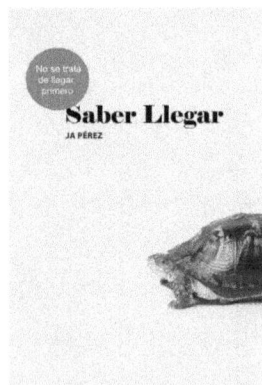

LA CIENCIA DEL POBRE
JA PÉREZ

LAS REGLAS QUE REGULAN LA ABUNDANCIA
JA PÉREZ

EL FIN de TODA JACTANCIA
EXALTANDO LA COMPLETA OBRA DE JESUCRISTO
JA PÉREZ

Las Suegras
7 principios para mejorar las relaciones entre nueras y suegras
JA PÉREZ

Lecciones de un viejo PROFETA mentiroso
JA PÉREZ

Saber Llegar
No se trata de llegar primero
JA PÉREZ

create
3 new
habits

A simple guide to form new habits for a better, simpler, happier life

ja pérez

NOW

THE URGENCY AND THE KEY
TO REACH THIS GENERATION
WITH THE MESSAGE OF CHRIST

Collaboration

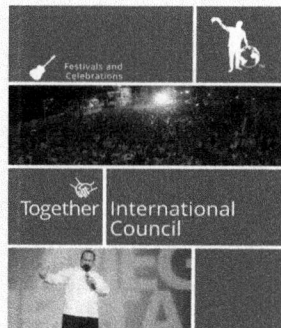

COLLAB
ORATION

YOUR
KINGDOM
OR HIS
KINGDOM

COLLABORATION
IOI
for EVANGELISTS

COLLABORATION
IOI
for CHURCHES

9
BASIC
PRINCIPLES *of*
COLLABORATION
for EVANGELISTS

JA PÉREZ

Festivals and Celebrations
Together | Collaborate

Festivals and Celebrations
Together | International Council

tisbita

www.ingramcontent.com/pod-product-compliance
Lightning Source LLC
Chambersburg PA
CBHW060053100426
42742CB00014B/2818